Le 7e sens

Éditions Eyrolles
61, bd Saint-Germain
75240 Paris CEDEX 05
www.editions-eyrolles.com

Relecture/correction : Clotilde de Royer
Conception graphique et mise en pages : Facompo

Illustrations : Facompo

ISBN : 978-2-416-00776-7

Rivka Nahmias

Le 7e sens

Développer sa force de guérison, une faculté que l'on a tous en nous

Éditions
EYROLLES

Sommaire

Préface de Jérôme Oliveira

Est-ce que la science spirituelle est une voie de guérison ?

De plus en plus de chercheurs et de médecins sont sensibles à l'insondable force de notre mental, celle de la croyance ou encore les effets de l'état de la méditation sur notre corps, comme autant de facteurs favorisant les guérisons, qu'elles soient d'ordre physiologique, émotionnelle et psychologique.

Ainsi, un éminent expert, le Dr Jeffrey Rediger, psychiatre et professeur à l'école de médecine à l'université de Harvard, s'est intéressé de très près aux guérisons spirituelles en étudiant des centaines de cas de guérisons spontanées inexplicables en l'état des connaissances scientifiques. Il a étudié l'impact de la spiritualité comme élément déclencheur de guérison pendant plus de quinze années. Le résultat de ses travaux[1], aujourd'hui dévoilés, nous démontre que si on ne parvient pas à comprendre

---

1. *Guéris : au cœur des guérisons spontanées*, Dr Jeffrey Rediger, éd. JC Lattès/J'ai lu.

pourquoi, il n'en reste pas moins qu'une force est à l'œuvre dans le déclenchement et le processus de guérison.

Pouvons-nous maîtriser cette force de guérison ?

L'énergie de guérison est une force à portée de tous : un sens inné en chacun de nous. Cette force circule quelque part dans notre champ de conscience unifié. Activatrice de nos ressources intérieures, elle est notre 7e sens. Et notre évolution naturelle, c'est d'apprendre à maîtriser ce 7e sens.

Plus loin encore : et si notre avenir résidait dans la maîtrise, tel un art, de cette force pour nous aider, non seulement à entrer dans un champ de guérison, mais aussi à transcender notre humanité dans sa promesse d'évolution constante en s'incarnant, comme on respire, en tant qu'êtres spirituels ?

C'est ce que nous propose Rivka Nahmias dans ce premier livre remarquablement pratique, consacré à l'apprentissage de notre 7e sens. D'exercices en protocoles, vous apprendrez à affiner et à activer le travail de guérison pour en faire une nouvelle façon d'être et de vivre.

Il n'y a pas une guérison, mais il y a des guérisons.

C'est l'une des grandes leçons de ce livre. Parce que nous sommes dans un mouvement perpétuel et parce que nous sommes constitués de strates aussi anciennes que l'éclosion de l'Univers, guérir de nos plaies, de nos blessures, de nos manques, de nos dépendances, de nos relations toxiques, de notre passé, de notre conscience et de notre inconscience, de tout ce que l'on sait et de tout ce que l'on a oublié, est une voie de libération et d'épanouissement qui permet à chacun de vivre un retournement profond en soi et ainsi, d'apprendre à se connaître.

Rivka Nahmias m'a permis de découvrir mon 7e sens.

J'ai rencontré l'auteure du *7e sens* il y a plusieurs années alors que s'ouvrait à moi une double voie : celle de rencontrer et de faire connaître en France les personnalités spirituelles les plus influentes au monde, comme Deepak Chopra, Eckhart Tolle, Neale Donald Walsch, Marianne Williamson, James Redfield ou encore Anita Moorjani, et en parallèle, une voie de lumière intérieure, de mutation profonde et de guérison de ce qu'on appelle les traumatismes complexes. Lorsque sa carrière en développement spirituel a succédé à sa carrière de journaliste en presse écrite, Rivka Nahmias s'est intéressée comme une chercheuse à toutes les sources de connaissances des forces vitales qui circulent en nous, animent nos désirs, créent nos vies et nous guérissent. Telle une pionnière, son sillon l'a amenée à comprendre que la perception et la faculté de dialoguer avec la force de guérison, c'est notre 7e sens. Aucun livre sur le sujet n'avait conceptualisé l'autoguérison ainsi.

À travers une introspection et une expérimentation profonde, au-delà des sens que vous connaissez déjà, et grâce à ce livre, le moment est venu pour vous d'accéder à l'art de votre 7e sens : votre autoguérison.

Jérôme Oliveira
Créateur de *My Whole Project*
Auteur de *Brûlant d'amour :*
Suffit-il d'aimer et d'être aimé pour être heureux ?

Avant-propos

Une force de guérison existe en chacun de nous. Fidèle partenaire constamment à l'écoute, elle est prête à intervenir pour solutionner nos problèmes et répondre à nos demandes quotidiennes. Toutes. De la plus farfelue à la plus profonde. Pour solliciter son assistance, il suffit de se connecter à son 7e sens, s'installer dans son espace intime puis s'inviter au dialogue.

Cette méthode unique vous invite sur le chemin de la découverte de cette extraordinaire alliée, pour comprendre simplement comment activer votre 7e sens et amorcer le dialogue.

Rivka Nahmias,
joaillière, thérapeute Thêta Healer® [1],
consultante des mémoires Akashiques.

1. Le Thêta Healing® a été créé par Vianna Stibal en 1995.

Accéder au pouvoir guérisseur,
communiquer avec l'Énergie Universelle
ne saurait en aucun cas remplacer
une consultation chez le médecin,
ni se substituer à un programme
de soins de santé.

Introduction

Certaines cultures l'appellent la Source, le Créateur, le Qi ou encore la Vie, le Prana, la Matrice, le Tout-Puissant, l'Énergie Universelle, le Champ A. Quel que soit le nom qui lui est donné, le pouvoir guérisseur est accessible à tous. Sa force agit en permanence. C'est son empreinte qui œuvre lors de la cicatrisation de certaines blessures corporelles, une coupure ou une brûlure légère, elle sollicite alors notre système immunitaire pour réparer les tissus. Mais au-delà de cette action qui opère à notre insu, il nous est possible d'établir la connexion avec cette énergie de guérison et de converser avec elle. Savoir la discerner, apprendre à lui parler, à écouter ses messages permet d'attirer les bénédictions dans notre vie et de révéler notre véritable potentiel.

Avec l'ouïe, la vue, l'odorat, le toucher, le goût et l'intuition, la faculté de dialoguer avec cette force de guérison est notre 7e sens.

Mon premier contact avec la force de guérison

Dès l'enfance, je me suis amusée à écouter le silence. Née dans une famille loquace, j'avais trouvé mon terrain de jeu. Les mots devenaient des sons dont je réglais le volume au minimum et quand chacun reprenait son souffle, c'était autant de pauses qui me permettaient de tendre une oreille attentive au vide et à la quiétude qui se dévoilaient entre les mots.

Le silence est volatil. Plein et prospère, il est rempli d'énergie subtile. Cette énergie communiquait, cette énergie guérissait. Bientôt, mon nouveau jeu fut de la maintenir à mes côtés le plus longtemps possible. En grandissant, j'ai compris qu'au cœur du silence demeure une force vive qui ne demande qu'à œuvrer. Une force qui contient tout : le passé, le présent, l'avenir, les secrets du temps, les promesses et serments et les enseignements sacrés. Une force libre et bienveillante.

Et si cette force qui guérit était la Source de Tout Ce Qui Est ?

Et si le silence était la clé d'accès à cette force qui guérit ?

Ces questions m'ont longtemps préoccupée. Je me demandais comment instaurer le dialogue de ma propre volonté. Je voulais m'installer dans cette énergie. Et c'est ainsi que le voyage commence.

L'énergie à l'œuvre

Vous êtes-vous déjà posé la question de savoir pourquoi certains de vos désirs se manifestent comme naturellement ? Ce que l'on pense être une coïncidence, un hasard, une synchronicité pourraient bien être une émanation de cette force vive. On pense à une personne et la voilà qui téléphone, on lâche prise sur un désir et c'est alors qu'il se manifeste, un avion prend du retard et pendant l'attente on rencontre son âme sœur… Certains évènements dans ma vie m'ont conduite à penser que c'est cette énergie qui était à l'œuvre dans l'avènement de certaines rencontres, certains défis ou situations. Ainsi, ce jour où, absorbée dans une discussion avec ma mère, je ratais le bus qui devait me transporter à mon internat. J'avais quinze ans. Ma mère me retenait par sa conversation et insistait pour que je rentre en taxi. Dix minutes plus tard, le bus que j'avais raté explosait dans un attentat suicide, ne laissant aucun survivant. Était-ce là le jeu du hasard ? Ou ma mère avait-elle ressenti la scène qui se déroulerait dix minutes plus tard et m'avait ainsi protégée, sans le savoir ? Quelle force invisible aurait-elle pu la prévenir ?

Ce qu'en pensent les scientifiques

Je me suis mise à lire les résultats d'expériences de certains neuropsychiatres, physiciens quantiques ou biologistes afin de mieux comprendre la relation entre l'Être Humain et l'Énergie qui l'entoure.

Les travaux du physicien Nassim Haramein démontrent qu'Être Humain et Énergie sont deux mots différents qui disent la même chose. « *Toute l'information de tous les protons de l'Univers est présente dans un seul proton*[1] », nous dit-il. Il ajoute que l'expérience que nous faisons de notre réalité est assez limitée, qu'un champ d'information existe à la lisière de l'espace-temps, et que nous y avons accès. Ce champ énergétique, en plus de réunir toutes les informations de milliards d'années, est aussi un champ de pure potentialité, c'est-à-dire de conscience métaphysique non encore manifestée.

« Il existe un champ d'information qui est présent à la base de notre réalité, mais si fin, et aux fréquences si hautes que nous n'avons pas d'expérience directe de ce champ, sauf que l'on découvre maintenant que notre conscience est une expression de ce champ. Il est possible, **en tournant nos sens de l'extérieur vers l'intérieur**, d'accéder à cette information et de décrire une chose qui est physiquement loin de nous, d'influencer une chose qui n'est pas dans notre environnement, et cela a été démontré en laboratoire. On voit dans la physique quantique[2] que l'influence sur une particule ici peut avoir

---

1. Nassim Haramein, « La théorie de l'Univers fractal-holographique », https://fr.resonancescience.org/

2. *« Pour moi qui ai consacré toute ma vie à la science la plus rigoureuse, l'étude de la matière, voilà tout ce que je puis vous dire des résultats de mes recherches : il n'existe pas, à proprement parler, de matière ! Toute matière tire son origine et n'existe qu'en vertu d'une force qui fait vibrer les particules de l'atome et tient ce minuscule système solaire qu'est l'atome en un seul morceau [...] Nous devons supposer, derrière cette*

une influence instantanée sur une particule à un autre endroit de l'Univers. Ce n'est pas de la magie ni même de l'ésotérisme, c'est la façon dont l'Univers fonctionne et il est normal que nous ayons ces capacités[1]. »

Ainsi, pour Nassim Haramein, notre corps est semblable à une antenne qui capte l'information de ce champ fondamental et il ne tient qu'à nous de développer nos capacités pour accéder à des niveaux d'information encore insoupçonnés. Nous avons la capacité d'influencer le cours des évènements à des centaines de kilomètres autour de nous. Juste par la pensée…

Citons aussi le Dr Bruce H. Lipton[2], biologiste cellulaire, spécialiste de l'épigénétique, pour qui tout est physique quantique. Il explique que tout est énergie : un caillou ou une table sont de l'énergie compressée. Une pensée est de l'énergie subtile. Et l'espace est un champ électromagnétique qui réunit tous les éléments. Entre 1980 et 1990, ses recherches ont révélé que l'environnement dans lequel nous évoluons influence l'activité et la physiologie de la cellule, activant et désactivant les gènes. Un stress soutenu peut altérer la croissance cellulaire et impacter notre vie et notre santé. En clair, les gènes et la mémoire cellulaire peuvent être modifiés par la croyance d'une personne.

---

force, l'existence d'un Esprit conscient et intelligent. Cet Esprit est la matrice de toute matière. » Max Planck, prix Nobel de physique en 1918 et fondateur de la mécanique quantique.

1. « La théorie de l'Univers fractal-holographique », *op. cit.*

2. https://www.brucelipton.com

Ce qui signifie que notre perception du monde influence notre réalité physique.

Continuons avec le philosophe Ervin Laszlo. Ses recherches nous entraînent au fin fond de la réalité pour nous montrer ce champ cosmique, le Champ A, qui relie tout à tous, qui conserve et transmet l'information. Il évoque une nouvelle médecine alternative, qu'il nomme guérison spirituelle : « *Le guérisseur agit sur l'organisme de son client par des moyens spirituels en transmettant une force de guérison ou de l'information de guérison. Que le guérisseur et son client se trouvent face à face ou bien à des kilomètres de distance semble avoir peu d'effet sur les résultats. L'efficacité de ce genre de guérison peut surprendre, mais elle est attestée par de nombreuses sources*[1]. » Il nous confirme ainsi la possibilité de capter un certain nombre d'informations du Champ A, et de les transmettre dans le champ de conscience d'une autre personne.

« L'esprit est facteur de guérison à l'intérieur d'une personne et entre les personnes. La guérison à distance est possible », écrit encore le Dr Larry Dossey dans son livre *La Médecine réinventée*[2].

Terminons en citant le Dr Joe Dispenza[3], chiropracteur spécialisé en neurosciences. Ce célèbre auteur et

1. Ervin Laszlo, *Science et champ Akashique*, tome 1, Ariane, 2005.
2. Dr Larry Dossey, *La Médecine réinventée*, Vivez Soleil, 2002, p. 28.
3. https://drjoedispenza.com

conférencier parle d'une « intelligence aimante », d'un « amour intelligent » qui nous accompagneraient, d'une « force de vie », d'un « champ invisible » ou d'une « intelligence innée » qui agiraient en nous et autour de nous. Il explique au travers de ses livres et lors d'ateliers de quelle façon nous pouvons activer cette force, comment nous le faisons déjà à notre insu, à chaque instant de notre vie.

Sur le sujet, scientifiques, philosophes et Maîtres spirituels accordent leur diapason.

Pour le guérisseur et chaman péruvien Puma Fredy Quispe Singona[1], nous assistons au **nouvel âge d'or de la Terre**. Chaque processus est la préparation du suivant et nous traversons une période de transition pendant laquelle la Terre (Pachamama) nous élève et nous transforme, nous donnant l'opportunité de réintégrer dans notre vie la connaissance, la conscience et la sagesse éternelle qui nous mèneront à l'Éveil. Pendant des décennies nous avons vécu à contre-courant mais aujourd'hui, l'espace-temps se met à notre niveau pour nous accompagner et nous offrir la chance d'évoluer dans une ère d'harmonie. Puma nous rappelle que l'eau, la terre, l'air et le feu sont nos premiers guides spirituels et nous invite à nous connecter à leur force dès que nous en ressentons

1. À propos de Puma Fredy Quispe Singona : Joan Parisi Wilcox, *Masters of the Living Energy: The Mystical World of the Q'ero of Peru*, Inner Traditions, 2004. Voir aussi : https://www.noqankani.com

le besoin. Il précise que notre planète a besoin de respirer et nous conseille de prendre soin de sa santé comme de la nôtre, car nous les avons toutes deux négligées. « *L'heure est venue de renouer le contact avec nous-même et l'Univers, pour accomplir la paix sur Terre.* »

Tous ces auteurs affirment qu'un nouveau mode de relation au monde se manifeste actuellement, basé sur une approche quantique de la réalité. Dans la réalité quantique tout est connecté, lié, unifié, conscient et complémentaire. Nous passons ainsi d'un monde matérialiste où tout est isolé, fragmenté, voire prévisible, à un monde où tout est unifié, un monde dans lequel la pensée vaut l'action, dans lequel l'Univers devient participatif, c'est-à-dire, dans lequel les forces s'alignent dans le sens de la réalisation de nos désirs. Grâce au ressenti, nous devenons consciemment « cocréateurs » de notre réalité. Tous parlent d'une énergie qui guérit, accessible à nous tous et disponible depuis la nuit des temps. Pour y accéder il suffit d'allumer l'« Inter-Net », notre espace intérieur, et de lancer le bon programme. En vérité, il suffit que nous ayons conscience de notre propre existence pour déjà ressentir cette force vive en nous, s'y relier, l'approuver et la préserver, apprendre à la développer.

Souvenirs du Futur

Si nous avons eu par le passé le choix d'exprimer ou d'ignorer notre force spirituelle, ce n'est désormais plus le cas. La transition a eu lieu et elle modifiera le cours de notre histoire jusqu'à ses fondements. Nous sommes sur le point de comprendre le sens de l'unité, de faire l'expérience de la totalité, de découvrir l'accès à l'Énergie Universelle de guérison. En réalité, nous sommes bénis, d'une certaine manière, ayant la chance d'assister à l'une des plus belles transitions du XXIe siècle : la manifestation de notre pouvoir de création dans la matière. On parlera de cette époque dans les livres d'histoire. Nous sommes la dernière génération à connaître l'ancien monde. Les générations à venir expérimenteront une nouvelle façon de vivre. Leur 7e sens révélé, nos enfants seront leurs propres guérisseurs et les amis de la planète.

On parle ici de l'expansion de notre conscience, de la faculté d'assumer une vie en harmonie avec la Terre et en soi-même. Transmettre par la pensée, pénétrer la force du ressenti, guérir l'autre et soi-même, expérimenter la joie seront les attributs de la Nouvelle Terre. La Nouvelle Terre, c'est une Terre amie à qui l'on a rendu sa vigueur et sa beauté sacrée. Ceux qui sauront prendre le virage et se relier au 7e sens sans peur du qu'en-dira-t-on deviendront des sages, des guides, des guérisseurs autonomes.

Mais comprendre un concept est une chose, l'intégrer et le vivre pleinement en est une autre, et les grains de sable qui déforment l'image et freinent le processus, ce sont nos idées reçues et nos croyances limitantes développées pendant la petite enfance ou transmises à travers les âges. Pour diverses raisons, à un moment de notre existence, nous nous sommes sentis rejetés, humiliés, utilisés ou démolis et pour nous protéger, nous avons élaboré des programmes de survie. Certains de ces programmes agissent comme des filtres nous séparant de nous-même et de la réalité quantique.

Nous verrons dans cet ouvrage comment nous les avons créés, puis nous apprendrons comment soigner nos blessures d'enfant. La compréhension de nos signatures énergétiques nous aidera à accéder à notre conscience supérieure pour reprogrammer notre réalité.

Une pratique quotidienne et un minimum d'entraînement seront requis. Nous apprendrons aussi que nos pensées, nos émotions, notre façon d'aimer, de respirer, de bouger et ce que l'on mange influencent la qualité d'ouverture de nos antennes. La capacité de « tourner nos sens de l'extérieur vers l'intérieur afin de nous connecter au champ d'information », donc d'activer le 7e sens, deviendra une évidence.

Ce livre est un voyage à la découverte du langage Universel. Je l'ai écrit pour raviver nos mémoires et rétablir la connexion. Vous allez comprendre votre fonctionnement, dénouer vos programmes limitants et libérer votre force de vie.

Ce que vous trouverez dans ce livre

Chapitre 1 : ce chapitre offre une vue d'ensemble du monde énergétique dans lequel nous baignons et de la façon dont nous interagissons. Vous apprendrez que tout est lié et pourquoi il est important que le corps fonctionne de façon harmonieuse. Quand nos fonctions vitales sont équilibrées, notre 7e sens se déploie de lui-même.

Chapitre 2 : vous serez ici amené à découvrir différentes signatures énergétiques, c'est-à-dire l'attitude que l'on adopte face au monde, nos systèmes de défense face aux attaques directes ou émotionnelles, mais aussi nos vertus cachées et nos potentiels une fois nos souffrances réparées.

Chapitre 3 : vous découvrirez dans ce chapitre les raisons principales pour lesquelles nous n'arrivons pas à nous connecter à l'Énergie qui guérit, et comment s'installent les fausses croyances.

Chapitre 4 : ce chapitre vous explique la méthode pour maintenir notre niveau vibratoire élevé, accéder à l'information et opérer des changements dans notre vie.

Chapitre 5 : vous découvrirez ici 7 clés pour ressentir le 7e sens.

Enfin, vous trouverez en annexes une quinzaine d'exercices pratiques pour activer jour après jour votre 7e sens.

Chapitre 1

Comprendre l'énergie, le monde qui nous entoure

« Si vous voulez trouver les secrets de l'Univers, pensez en termes d'énergie : fréquence et vibration. »
Nikola Tesla

Pensez-vous qu'il soit possible de communiquer à distance, de télécharger des connaissances, d'apprendre à guérir par l'intention et de voyager dans le temps ? Le point commun de ces différentes expériences se résume en une force, le 7e sens, et un mot : vibration.

Tout ce qui constitue la vie sur Terre est la manifestation d'une énergie dont le mode d'expression est la vibration. Même si les choses nous paraissent statiques, en réalité tout est en mouvement. La vibration continue forme la densité, la matière. La vitesse à laquelle la densité vibre est appelée fréquence. La fréquence est un rythme qui balance entre deux polarités, deux forces complémentaires : le jour est la polarité de la nuit, tout comme le bruit et le silence, les principes masculin et féminin, la lumière et l'obscurité, le chaud et le froid, le Yin et le Yang, la réalité physique-matérielle, et la réalité métaphysique-invisible, l'amour et la peur… L'amour est la vibration la plus haute, la « dimension divine » de notre existence et sa polarité, qui est la peur, est la principale source des blocages que nous expérimentons.

Ainsi, tout est vivant et porte une signature vibratoire, c'est ce que nous enseigne la physique quantique.

Nous sommes en permanence traversés d'ondes et de fréquences, de pensées et de sensations, d'images et de sons, et la perception que nous en avons est liée à notre état vibratoire.

Qu'est-ce qu'un état ou un taux vibratoire ?

Si le taux vibratoire de la Terre est la « moyenne » des vibrations cosmiques, telluriques et humaines, le taux vibratoire humain est la synthèse de nos pensées, de nos émotions, de nos croyances, de nos mémoires. L'état vibratoire évolue selon le choix que l'on fait de tourner notre attention vers l'unité et l'amour ou la séparation et le rejet. Ceux qui veulent accéder à l'énergie de guérison sont invités à modifier certaines de leurs habitudes énergétiquement épuisantes, à renouveler leurs pensées, à s'affranchir de leurs croyances bloquantes et de leurs schémas limitants.

Revenons sur ces « *moyens spirituels* » dont parle Ervin Laszlo. Chacun sait que le corps physique est l'outil indispensable à qui veut manifester, matérialiser, transformer, construire. Ce que l'on sait moins, c'est qu'il peut devenir canal. **Grâce au 7e sens, on peut accéder à l'information et, par la visualisation, la regarder se « déplacer » pour manifester des changements dans la matière.** La qualité de la connexion dépend de l'état de neutralité et du calme intérieur du canal. Tenter d'utiliser le 7e sens quand la pensée est embrouillée, la digestion lourde, la respiration bloquée, l'esprit anxieux ou quand le corps manque de sommeil, équivaut à vouloir sentir les subtilités d'un parfum délicat en étant fortement enrhumé…

Avant d'aller plus loin, examinons brièvement l'espace énergétique dans lequel nous baignons. Nous saisirons mieux nos forces et nos faiblesses.

En quelques mots et pour une meilleure compréhension, gardez à l'esprit que le corps humain fonctionne en résonance avec différents systèmes énergétiques : les canaux, les chakras, l'aura, les champs, les ondes. Ces systèmes vibrent au diapason de nos émotions et c'est à travers eux que notre énergie vitale circule, bloque ou stagne. Ainsi, une émotion négative ressassée, ruminée, peut à la longue causer un déséquilibre physique.

Ces systèmes sont interconnectés et interactifs. Agir sur l'un, c'est agir sur l'ensemble. On peut à travers eux accomplir des autoguérisons mais aussi communiquer à distance, se relier aux âmes du passé ou à celles du futur, percevoir le champ énergétique qui nous entoure, opérer des transformations intérieures profondes.

Les piliers de l'énergétique

1. Les canaux

Les canaux sont ce qu'on appelle les Méridiens en acupuncture chinoise, les Marmas en ayurvéda, les Nadis en yoga. Voyez-vous comme un arbre. Imaginez des branches ou des canaux extrêmement fins traversant votre corps de façon symétrique. Les douze principaux méridiens se ramifient en plusieurs branches secondaires, certaines allant jusqu'à la surface de la peau, et c'est à travers eux que circule l'énergie dans chaque cellule du corps. Parfois, plusieurs branches, venant de différents méridiens, se rejoignent en un seul point.

L'acupuncture permet d'équilibrer le niveau d'énergie. Le plus souvent, l'énergie dans le corps est soit défaillante, soit en excès. Au contact de l'aiguille, le trop-plein d'énergie se libère, le manque se fortifie et l'énergie circule de façon plus fluide. Cette action s'étend à l'ensemble du corps par voie de résonance, un peu comme le galet que l'on jette dans l'étang et dont la vibration se voit à la surface de l'eau.

L'acupuncture, les massages énergétiques, les mouvements de taï-chi, de yoga ou de qi gong contribuent à maintenir notre équilibre physique, psychique, émotionnel et spirituel.

2. Les chakras

Les chakras sont des centres énergétiques individuels dont chacun a sa propre fréquence. Selon les textes anciens, nous en avons des centaines et il semble que les points d'acupuncture, les canaux, sont eux aussi considérés comme des chakras.

Les sept chakras majeurs se trouvent le long de notre colonne centrale, ou vertébrale, tandis qu'un huitième, le Ka, est à quelques centimètres au-dessus de notre tête. Ils ont une double entrée, sur la face du corps et sur le dos. Chacun est lié à une fonction de l'organisme et à un état de conscience. Situés sur le haut du corps, ils correspondent aux processus mentaux et spirituels. Situés sur la partie inférieure du corps, ils sont davantage liés à l'incarnation terrestre. On peut considérer que le premier chakra et le septième sont liés comme le sont la Terre et le Ciel. Positionnés aux deux extrémités de la colonne centrale, ils sont le fil sacré autour duquel s'unissent les autres chakras et tout le système énergétique.

Chakra en sanscrit signifie roue ou disque en rotation. En mouvement continu, ils tournent dans le sens des aiguilles d'une montre, gouvernent le passage de l'énergie vitale vers le corps, mais aussi vers l'aura et dans toutes les directions. Si notre système nerveux autonome se charge de les réguler, ils sont cependant soumis aux variations de notre état de conscience et de nos troubles émotionnels. Ils circulent librement quand tout va bien, mais peuvent aussi vriller en quelques secondes, stagner, tourner à contresens ou bloquer en cas de choc. Harmoniser ses chakras doit être fait de façon délicate et progressive. Il se peut que le traumatisme soit plus ancien qu'il n'y paraît.

Par exemple, si un enfant est souvent délaissé, que sa façon d'aimer est incomprise, censurée ou dévalorisée, il risque de développer un manque d'amour pour lui-même. Pour se protéger du chagrin qu'il ressent, il peut choisir de refouler ses pulsions spontanées d'amour et de joie, bouleversant ainsi sans le savoir le flux vibratoire naturel du chakra du cœur. Si ces expériences se répètent trop souvent, il se trouvera par la suite confus devant le sentiment d'amour. Plus tard dans sa vie, il connaîtra des périodes de repli sur soi et de secrète dépression. Nostalgique d'un monde d'amour Universel auquel son inconscient croit, à tort, ne plus avoir accès, son âme pourrait chercher à se désincarner. Il est possible de remédier à ces perturbations en alignant ses chakras et en pratiquant des exercices de renforcement interne (arts martiaux et yoga) ayant pour but d'harmoniser la circulation de l'énergie.

Les huit chakras sont aussi huit dimensions, ou lieux d'apprentissage…

Le premier chakra est primal, tribal, impulsif

C'est le chakra « racine ». De nature sauvage, il est le centre de notre énergie vitale et l'expression de nos racines familiales, ancestrales. Il nous apporte une conscience dense et concrète de la matière et nous enseigne que nous sommes responsables de notre existence.

Il se situe autour du périnée et correspond aux glandes sexuelles. Le premier centre contient assez d'énergie pour donner la vie. Il permet l'ancrage à la Terre, stimule les reins, les glandes surrénales, la structure osseuse du corps. Son élément est le feu, sa couleur est le rouge.

Nous savons qu'il fonctionne de façon équilibrée quand nous nous sentons ancrés, en sécurité, stables, sereins et prêts à relever des défis. En reliant notre structure énergétique à la Terre, il dynamise nos autres chakras.

Pour augmenter sa force et maintenir son équilibre, il suffit de prendre soin de soi sur les plans les plus basiques : alimentation, hydratation, activité, repos, finances, amitiés, amour, respiration en toute conscience.

Les huiles essentielles boisées comme le cèdre ou le santal renforcent le premier chakra. Pensez à les diluer dans une huile végétale avant de masser la plante de vos pieds ou votre coccyx.

À quelques centimètres sous le chakra « racine » se trouve le chakra « Étoile de la Terre », qui assure notre ancrage, notre incarnation. Lorsqu'il fonctionne bien, nous sommes nourris des énergies positives de la Terre. S'il fonctionne mal, nous pouvons nous sentir perdus, ne pas arriver à cerner nos propres besoins matériels ou physiques. Marcher pieds nus sur le sol stimule ce chakra.

Parmi les pierres énergétiques qui favorisent le bon fonctionnement de ces deux chakras, on retrouve toutes celles allant du noir au brun rouge : rubis, tourmaline noire, labradorite, grenat, onyx, jaspe rouge…

Lorsque l'on se sent en sécurité dans notre environnement, le premier chakra est équilibré et l'énergie s'élève naturellement vers le deuxième chakra.

Le deuxième chakra est polarité

C'est le chakra sacré. Il nous enseigne que tout est question d'équilibre.

Situé trois doigts sous le nombril, il correspond aux glandes surrénales. Sa fonction est de dynamiser et d'équilibrer le système lymphatique et digestif, les intestins, le bas du ventre et le système urogénital. L'élément qui lui est associé est l'eau, sa couleur est l'orange.

Il est la clé de notre énergie créatrice. On sait qu'il fonctionne correctement quand nos relations sexuelles sont satisfaisantes. Lorsqu'il est ouvert, il renforce notre capacité à donner et à recevoir du plaisir et favorise notre puissante capacité d'union dans l'amour. Sur le plan psycho-émotionnel, ce chakra correspond à la reconnaissance de notre propre valeur.

S'il est affaibli, tourne à contresens ou est très abîmé, ce chakra deviendra le siège des addictions. La dépendance à la drogue, à l'alcool, au sexe, au pouvoir ou à l'argent, ainsi que la dépendance affective ou le mépris de soi indiquent qu'il est temps de soigner notre chakra sacré. La danse, les bains chauds, le rire sont d'excellents revitalisants du deuxième chakra.

Parmi les pierres énergétiques qui favorisent son bon fonctionnement on retrouve toutes celles allant du rouge clair au jaune orangé : grenat spessartite, citrine de feu, cornaline, saphir orange…

Quand tout va bien, l'énergie continue de monter vers le troisième chakra.

Le troisième chakra est cause à effet

C'est le chakra du plexus solaire, le siège de nos émotions. Véritable réserve d'attraction magnétique, il nous enseigne que le présent est la conséquence de ce que nous avons créé hier.

Situé au niveau de l'estomac, il correspond au pancréas, gouverne le système digestif, le taux de glucose, la température du corps. Il favorise la vue physique et la clarté mentale, qui sont liées au bon fonctionnement du foie, de la rate, de l'estomac et de la vésicule biliaire. Son élément est la terre et sa couleur, le jaune.

On sait que le chakra du plexus solaire fonctionne harmonieusement quand on est conscient de soi et de sa place dans le monde. Nous ressentons de l'assurance, nous sommes prêts à vivre de nouvelles expériences en restant ouverts, responsables, souples d'esprit, à l'écoute du changement.

Lorsqu'il dysfonctionne, nous éprouvons des émotions extrêmes de trahison, de honte ou de culpabilité, qui vident nos forces au niveau du plexus solaire. Physiquement, c'est l'effet d'un coup de poing. La conséquence énergétique de ce déséquilibre est le repli sur soi ou le rejet de l'autre et de toute émotion, ce qui peut mener à l'épuisement mental, émotionnel et physique. Travailler sa respiration et maintenir une bonne qualité de sommeil participent à l'équilibre de ce chakra.

Parmi les pierres énergétiques qui favorisent son bon fonctionnement on retrouve toutes celles allant du jaune pâle au jaune vif : saphir jaune, citrine, opale jaune…

Les trois premiers chakras : le socle des émotions
Faisons un petit stop ici pour apporter une précision : c'est dans les trois premiers chakras que l'histoire de notre vie puise ses émotions. C'est ici que résident nos traumatismes d'enfant et nos blocages émotionnels. La force et l'équilibre des autres chakras, influencés par l'harmonie des trois premiers, se construisent à mesure de notre évolution, pendant le passage de l'état d'enfant à celui d'adulte. Lorsque tout va bien, l'énergie poursuit tout naturellement son ascension vers le quatrième chakra…

Le quatrième chakra est rythme et guérison

C'est le chakra du cœur. Il nous enseigne que tout a une cadence, un moment, un tempo. Il nous révèle que le changement est un processus, un rythme qui dépend d'un niveau vibratoire. Ni trop haut ni trop bas est le bon tempo.

Situé au centre du sternum, il correspond au thymus et gouverne le cœur et le système circulatoire. L'élément qui lui est associé est l'air et ses couleurs sont le vert et le rose.

C'est au moment du développement du quatrième chakra que l'enfant apprend à se tourner vers l'autre, reconnaissant son existence, ses qualités et ses besoins. Si la transition se fait correctement, il est alors possible d'envisager des relations basées sur le partage et le respect. Lorsqu'il fonctionne harmonieusement, nous nous aimons nous-même, nous acceptons les autres, la Terre ainsi que le monde dans lequel nous vivons.

Lorsqu'il tourne à contresens, notre perception de l'autre est faussée. L'illusion du manque d'amour entraîne un sentiment d'impuissance et des conflits internes. En conséquence, il nous arrive de blesser par inadvertance, puis d'être blessé à notre tour, heurté par nous-même ou par l'autre, avec l'impression que la route nous est barrée. L'indication de son dysfonctionnement est la dépréciation de soi, la culpabilité, la jalousie, le jugement, parfois la maladie.

Les pierres vertes et roses lui sont bénéfiques : émeraude, jade, péridot, tsavorite, quartz rose, saphir rose, kunzite, opale rose, diamant rose…

Le cinquième chakra est son

C'est le chakra de la gorge. Il nous révèle que nos pensées, nos intentions mais aussi les mots que l'on prononce construisent notre présent.

Situé au creux du cou, il correspond à la thyroïde. Il stimule la thyroïde, le système respiratoire, la croissance générale. Son élément est l'éther et sa couleur, le bleu.

Lorsqu'il fonctionne de façon optimale, nos relations sont saines, nos échanges sont authentiques, nos limites sont posées. Exprimer une opinion, ouvrir son cœur est naturel. En cas de désaccord, nous sommes capables d'entendre l'opinion d'autrui, d'apprendre de son expérience et de modifier notre posture. Nous respirons de façon ample et fluide.

Si ce chakra tourne à contresens, il nous est difficile d'exprimer nos ressentis. Accumulant les non-dits, nous pouvons devenir rigides, narcissiques, monopoliser la parole, ou à l'inverse, être introvertis. La sensation de ne pas exister est le sentiment associé à ce chakra lorsqu'il est défaillant. Son équilibre dépend de ce qui passe par la gorge : une alimentation saine, une eau pure, une respiration fluide, le chant et les mots doux le fortifient.

Parmi les pierres énergétiques qui favorisent son bon fonctionnement on retrouve celles allant du vert au bleu : amazonite, apatite, turquoise, larimar, célestine, saphir bleu, angélite, aigue-marine…

Le sixième chakra est vision

Nommé chakra « frontal », il nous enseigne que l'« intérieur » et l'« extérieur », sont reliés, que nos pensées et nos ressentis influencent notre perception de la réalité. Situé entre les sourcils, il correspond à l'hypophyse, ou glande pituitaire. Il gouverne la mémoire, la sagesse, les facultés de concentration et d'analyse, et gère l'ensemble des systèmes nerveux. Sa couleur est l'indigo.

Centre de la vision intérieure, de la connaissance de soi par l'introspection, ce chakra régule nos hormones, notre appétit, notre calme, notre libido. Ultra-sensoriel, il active l'intuition, la télépathie, l'aptitude à se mouvoir dans l'espace.

Lorsqu'il fonctionne bien, nous avons une vision détendue et claire des évènements de notre quotidien. Nous sommes ouverts à la réflexion, à l'étude, à la maîtrise de soi, et nos idées sont suivies d'actions.

S'il dysfonctionne, nous voilà tendus et confus. Ayant du mal à faire la part des choses, nous ressassons les mêmes questions-réponses en boucle et rencontrons des difficultés à réaliser nos idées et projets. Le risque ? Chercher soutien et réconfort dans l'autre, devenir « naïf », dépendant affectif, attirer les manipulateurs ou se perdre dans des relations toxiques sans trouver de solution pour sortir de cet enfermement.

Certains l'appellent le « troisième œil » mais ce n'est pas tout à fait le cas. Ce que l'on appelle le « troisième œil » est un point énergétique plus précisément situé près de la glande pinéale, à la fusion du chakra frontal et du chakra coronal. L'union de ces centres permettrait de percevoir les « vibrations » et de recevoir des messages, même à distance. La clarté se fait à mesure que l'on nettoie nos anciens schémas bloquants.

Parmi les pierres énergétiques qui favorisent son bon fonctionnement on retrouve celles allant du bleu vif au violet : tanzanite, lapis-lazulis…

Ainsi, lorsque l'on se sent en sécurité, créateur de sa vie, on entretient des relations équilibrées, on s'exprime librement, on sait comment s'analyser et manifester ses intentions. Alors, l'énergie poursuit son ascension vers le septième chakra…

Le septième chakra est conscience

Nommé chakra « coronal », il nous révèle que ce que l'on vit émane de nos croyances. C'est à travers lui que l'on devient ce que l'on pense, que l'on incarne la réalité que l'on projette, que l'on se connecte à la force de guérison.

Situé au sommet du crâne, il correspond à la glande pinéale et se charge du bon équilibre du rythme biologique, du système endocrinien et des hormones. Ses couleurs sont le blanc, l'argent, le violet. Certaines traditions indiquent que son rayonnement est multicolore. Si le chakra racine assure notre connexion à la Terre, celui-ci est en lien avec l'énergie Cosmique.

Nous savons que notre chakra coronal fonctionne de façon harmonieuse quand nous sommes ouverts à la spiritualité et que nous avons le sens de l'humour. Il nous connecte avec le Tout, il nous rend libres et créatifs.

S'il est affaibli, nous aurons tendance à ne croire que ce que l'on voit, à tomber dans le piège des apparences, du jugement et des conclusions hâtives.

Parmi les pierres énergétiques qui favorisent son bon fonctionnement on retrouve celles allant du violet fumé au blanc argent et doré : iolite, améthyste, tanzanite, cristal de roche, diamant.

Le huitième chakra est lumière

Il nous enseigne que tout est possible et ouvre l'accès au champ quantique de pure potentialité. Situé à quelques centimètres au-dessus du chakra coronal donc au-dessus de la tête, il tourne sur lui-même et draine les vibrations, les informations… Ce flux d'énergie nous révèle que chaque expérience, pensée ou action retourne à la Source pour renaître à nouveau.

Quand il fonctionne bien, nous arrivons à faire la distinction entre nos pensées et l'Information, entre nos projections mentales et les messages. L'état de neutralité nous est familier. Nous passons rapidement de l'onde Thêta à Alpha ou Bêta. Nous savons comment identifier les croyances limitantes et autres schémas de protection, et transmettre les informations sans les dénaturer.

Lorsqu'il ne fonctionne pas bien, cela ne change rien car nous n'en avons tout simplement pas conscience.

Le nettoyage des schémas bloquants, le travail sur les vertus – discernement, compassion, générosité, sens des responsabilités, justice, respect, humilité… – favorisent son bon fonctionnement. Accéder au 7e sens implique de savoir élever son taux vibratoire et de maintenir sa neutralité.

3. L'aura

Nous pensons rarement à mesurer l'espace autour de nous. C'est pourtant là que se trouve notre écho magnétique. Notre corps physique est entouré d'ondes vibratoires formant un bouclier invisible s'étalant de trois à quinze mètres et plus dans toutes les directions autour de nous. On appelle ces ondes les « corps subtils ». Imperceptibles et chargés de notre histoire, les corps subtils gardent la mémoire de nos expériences et l'empreinte de nos cicatrices physiques et émotionnelles. Ils maintiennent également les mémoires des transmissions génétiques et celles de nos autres vies.

Ce que nous appelons « aura » est le rayonnement de l'ensemble de ces corps. Véritable « sas de sécurité » qui nous protège du monde « extérieur », le rayon, la couleur et la forme de l'aura varient selon notre état vibratoire. Un caractère mélancolique montrera une aura terne et tenue. Un ressenti de colère ou d'impuissance présentera des éclairs plus ou moins vifs. Si une personne a du mal à s'exprimer, des formes nuageuses plus ou moins larges et pâles flotteront au niveau de son chakra de la gorge. Voulez-vous voir l'aura ? Amusez-vous à regarder la flamme d'une bougie. Son rayonnement, c'est son aura. Une fleur, un aliment et tout objet a une aura, ou un champ énergétique entourant l'objet.

Nous évoluons donc entourés d'un champ énergétique rempli d'informations nous concernant, et dans lequel circule notre énergie vitale. Dans ce champ, rien n'est figé : la densité change vite, les contours et les couleurs aussi ; une émotion, un sentiment suffit à le modifier.

Rester bloqué dans nos émotions entrave la libre circulation de l'énergie et crée des microfailles dans notre bouclier. Si cette situation perdure et que les failles sont trop nombreuses, les énergies basses qui leur sont associées (déprime, incompréhension, ressentiment) risquent un jour d'atteindre et de pénétrer notre corps physique, générant des désordres ou des maladies. C'est ce qu'on appelle la « somatisation ».

Assainir notre corps aurique est relativement aisé. Certaines positions de yoga libèrent les énergies stagnantes. En voici quatre simples à réaliser.

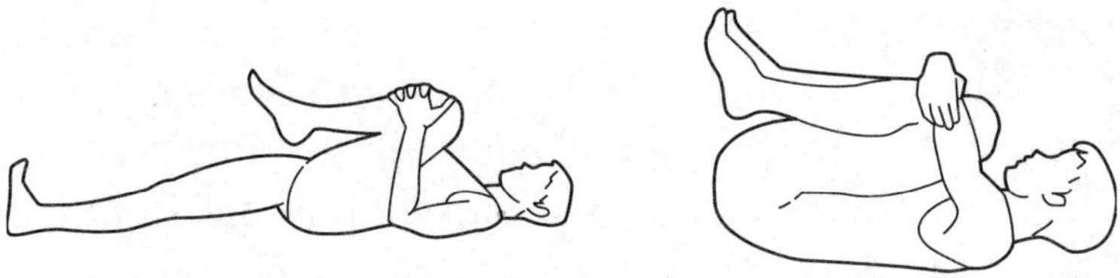

Pavanamuktasana

Cette posture de « l'enfant sur le dos » soulage les tensions du bas du dos et libère les énergies bloquées dans les deux premiers chakras. *Cherchez à vous détendre en relâchant les tensions à chaque expiration.*

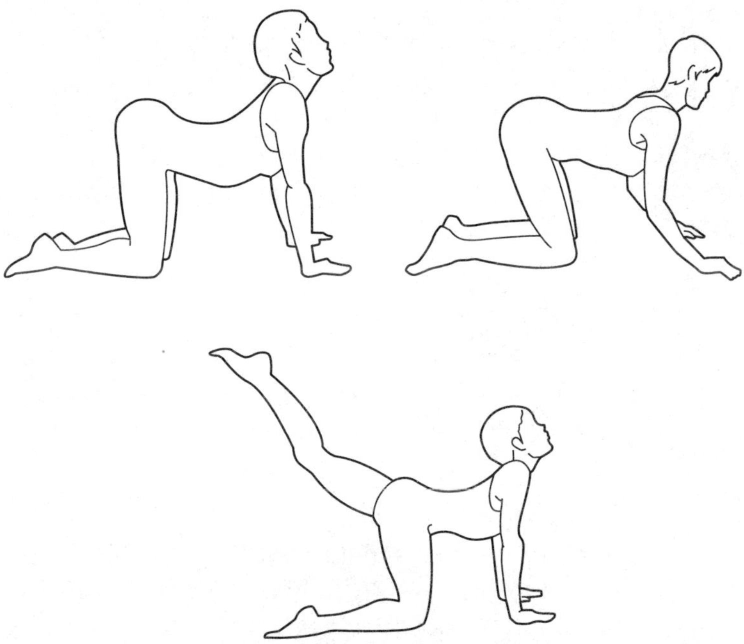

Marjarasana

Cette posture « du chat » renforce les organes internes et libère les énergies bloquées dans le plexus solaire. *Allongez le souffle à chaque respiration tout en conservant la ceinture abdominale tonique et la taille amincie.*

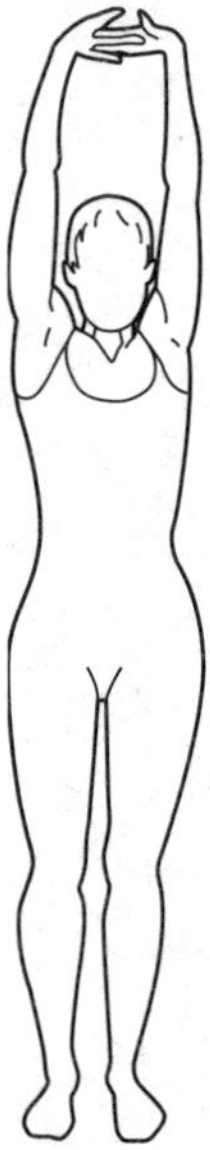

Parvatasana

La posture de la montagne peut sembler facile. En amenant de la vigilance et de la précision quant à la tenue du dos, cette posture peut être difficile à tenir dans le temps. *Détendez-vous et agrandissez-vous autant que possible à chaque expiration pour atteindre le haut de la montagne.*

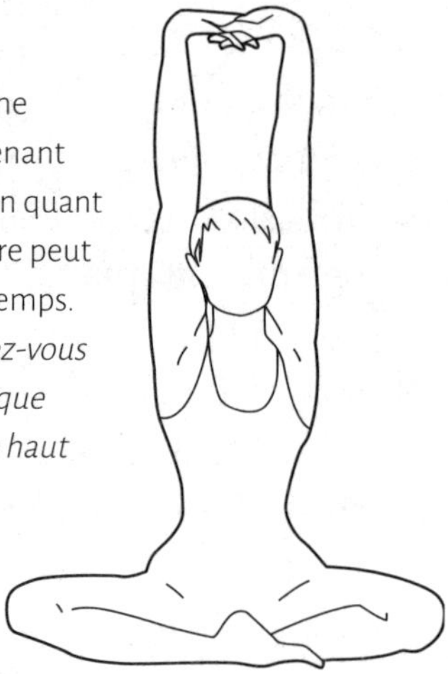

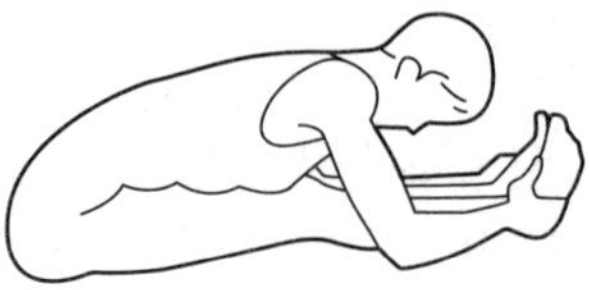

Paschimottanasana

La posture « de l'ouest », en étirant les muscles de l'arrière du corps, améliore la circulation sanguine et celle de l'énergie vitale. *Pour vivre pleinement cette posture : ne pas arrondir le dos, ne pas laisser pendre la tête, mais étirer la colonne vertébrale en cherchant à chaque fin d'inspiration à rapprocher l'abdomen des cuisses.* À l'expiration, détendre les parties étirées.

Dans notre aura circule également l'image que nous avons de nous-même. Cette image reste stable jusqu'à ce qu'un apport d'énergie la mette en mouvement.

Imaginez : vous avez de l'estime pour vous-même, vous considérez mériter l'amour de l'autre. Cette forme pensée, qui est dans votre aura, s'active dès que vous croisez un être qui vous plaît. À votre contact, cette personne ne tarde pas à retenir une image de vous conforme à la vôtre. Elle vous voit comme vous êtes, mais surtout comme vous vous voyez. Ainsi, tout va bien et la qualité de la relation qui s'installe est équilibrée.

Que se passe-t-il ensuite ? À mesure que la relation se poursuit, certains programmes resurgissent. Il peut arriver que votre ami prononce une phrase anodine pour lui, mais qui réveille chez vous une douleur d'enfance. Vous sentant menacé, vous réagissez selon un programme de survie et votre réaction, décalée, crée un malentendu. Sans le savoir, cet ami vous a offert un cadeau en vous aidant à révéler votre blocage. L'issue idéale est celle où vous êtes suffisamment à l'aise pour en parler, découvrir la souffrance cachée, la traiter et passer à autre chose.

Parfois, la nature de la relation ne se prête pas à ce degré d'intimité dans l'échange, dans ce cas, identifiez votre douleur en privé, examinez la relation que vous avez avec vous-même, puis revenez dans la relation.

4. Les champs, ou les corps subtils

Le corps physique est votre Temple

Prenez-le au sérieux. De quoi a-t-il faim ? De nourriture, d'expérience, d'amitié, de changement ou peut-être de sommeil ? Restez à l'écoute de ses désirs et comblez ses besoins de protection, de chaleur, de repos ou d'activités. Aimez-le, soignez-le.

Le corps éthérique enveloppe le corps physique

Certaines traditions l'appellent le « deuxième corps ». Il rayonne à une distance de cinq millimètres à dix centimètres. Il est votre carte de visite énergétique, le rayonnement de vos sentiments les plus denses. Ressentez de la gratitude, et il rayonnera de son éclat. S'il est trop abîmé, en raison de chocs, de maladies ou de cicatrices physiques ou émotionnelles non refermées, un soin énergétique ciblé pourra le réparer.

Le corps astral est émotionnel

L'intensité de son aura varie selon les expériences que vous traversez. Lors d'une rencontre amoureuse, des liens se créent à cet endroit. Lors d'une rupture amoureuse, il se peut que vous ressentiez une douleur physique, en partie due à la séparation de ces liens. Les soins énergétiques, les massages, le taï-chi et tout ce qui permet de ressentir son enveloppe physique contribuent à libérer le corps astral de l'oppression et des traces de peur qu'il contient.

Le corps mental est un radar

Son aura rayonne à deux centimètres et demi du corps et peut aller jusqu'à trente centimètres. Il abrite vos pensées et l'ensemble de vos connaissances, acquises dans cette vie et dans d'autres vies, d'autres plans.

Le corps ombral[1] enregistre l'ensemble de vos vies

Son aura s'étend dans vos os et autour de votre corps. Il est le gardien de vos vies passées et responsable des situations récurrentes que vous expérimentez.

Le corps causal est votre mémoire intemporelle ou karmique

On dit qu'il est le corps de l'âme… En partie logé dans le squelette, il est le garant de vos expériences, de vos rencontres, des synchronicités dans votre vie. Son aura est diffuse et c'est ici que s'exerce le sentiment d'attraction-répulsion entre individus. Son rayonnement devient visible lorsque vous comprenez et maîtrisez le processus de cause à effet.

Le corps atmique ou bouddhique est le pont vers la conscience universelle

Il se révèle lorsque l'esprit, la pensée et le corps sont détachés des considérations matérielles et que vous êtes heureux. Ce corps n'est totalement formé que chez les êtres les plus éveillés.

---

1. Le corps ombral a été identifié par l'énergéticien Jean-François Geneves. Un soin créé par le thérapeute Bernard Chaumeil lui est dédié.

Le corps spirituel ou divin est l'étincelle divine que vous portez en vous
Il est la conscience qui englobe tout, le pouvoir d'unité.

Différents exercices permettent d'aligner nos chakras et de renforcer notre énergie vitale. Il s'agit tout d'abord de prendre conscience des vibrations qui nous entourent, puis de respirer calmement. Vous trouverez dans ce livre des exercices ciblés.

Gardez à l'esprit que le corps physique bénéficie directement des énergies subtiles du corps éthérique. Souvenez-vous de boire de l'eau après vos méditations, car l'eau permet de drainer les toxines psychiques et physiques.

5. Les ondes cérébrales

Tout au long de la journée, notre cerveau passe par différents ondes, sons, vibrations ou fréquences, que l'oreille humaine ne perçoit pas toujours mais qui agissent sur le corps, le psychique, les émotions et l'état de conscience, nous rendant tour à tour excité, concentré, distrait, créatif, endormi… Nous passons d'une onde à l'autre au rythme de nos moments d'éveil ou de sommeil, de contrariété ou de bien-être.

Ces ondes, en résonance vibratoire avec les cellules de notre corps, peuvent optimiser leur renouvellement, réinitialiser notre système nerveux, équilibrer notre système digestif, et nous avons la capacité de nous mettre à leur diapason de notre propre volonté grâce à des exercices de respiration, de méditation, mais aussi par l'écoute de rythmes sonores thérapeutiques ou par la visualisation d'images en mouvement comme le kaléidoscope. Notre cerveau réagit en synchronisant ses impulsions au rythme des fréquences utilisées, rééquilibrant ainsi l'ensemble de nos fonctions vitales et de notre aura.

Leur unité de mesure est le hertz, qui est égal au nombre de cycles de vibrations par seconde. Plus le nombre de cycles de vibrations/seconde est élevé, plus le cerveau est excité. Voici les attributs des cinq principales ondes cérébrales.

Gamma
Intenses, les ondes Gamma dépassent 35 Hz.

État ultraconcentré, activité cérébrale soutenue.

Écouter ces ondes favorise la créativité, la coordination, la faculté d'attention, de mémoire.

Bêta
Vives et rapides, les ondes Bêta oscillent entre une fréquence de 13 à 35 Hz et correspondent aux moments forts de la journée.

État d'éveil, d'activité, de stress.

Quand vous travaillez, que vous êtes concentré, agité ou stressé, vous fonctionnez en ondes Bêta. Écouter ces ondes favorise la faculté de concentration, d'apprentissage, réduit la fatigue mentale et physique. Il suffit d'ouvrir les yeux pour passer en ondes Bêta.

Alpha

Les ondes Alpha oscillent entre une fréquence de 8 à 13 Hz.

État de relaxation légère.

Écouter ces ondes favorise la méditation, les pensées calmes et nouvelles, la visualisation, régule l'humeur, équilibre l'état émotionnel. C'est en ondes Alpha que se font la plupart des séances de reiki, de magnétisme ou d'hypnose. Il suffit de fermer les yeux pour passer en ondes Alpha.

Le rythme Alpha est proche de la fréquence que la Terre produit, 7,83 hertz, appelée « résonance de Schumann ». Cette fréquence, qui aide au maintien de notre équilibre, est en résonance avec l'être humain. Ainsi, trop de pensées et d'actes négatifs pourraient amoindrir l'effet bénéfique que nous procurent les plantes et les minéraux. À nous d'élever notre niveau de conscience pour éviter ce type de catastrophe.

Thêta

Les ondes Thêta oscillent entre une fréquence de 4 à 8 Hz. C'est par l'onde cérébrale Thêta que l'on active le 7e sens, que l'on accède au pouvoir guérisseur.

État de profonde relaxation, à la lisière du sommeil. État principal de la naissance à sept ans.

L'esprit est en alerte, le corps est relaxé, presque endormi, dans une réalité de conscience modifiée, ou extralucide. C'est ici que s'installent les programmes inconscients créés dans la petite enfance et que sont stockés les serments, les promesses que l'on fait à soi-même. C'est aussi dans cette fréquence que vous pouvez libérer les traumas et corriger les fausses croyances qui ne vous conviennent plus. Écouter le rythme des ondes Thêta aide à lâcher prise, à retrouver la cohérence corps-esprit.

Delta

Amples et lentes, les ondes Delta oscillent autour de 0,1 à 4 Hz.

État de sommeil et profonde méditation. État principal du bébé de la naissance à un an.

En ondes Delta, le cerveau est au nirvana et le corps est endormi. La notion de temps et d'espace laisse sa place au rêve, dans lequel tout est possible.

Écouter ces ondes favorise le sommeil profond et la récupération physique et mentale et renforce le système immunitaire.

Sons et fréquences thérapeutiques

Comment une fréquence peut-elle guérir ? Comment une forme géométrique, un son, une couleur peuvent-ils améliorer le bien-être ? Comme nous l'avons vu précédemment, tout est vibration et tout est connecté. Au contact d'une forme géométrique parfaite, notre vibration s'élève, notre état de conscience s'élève, l'énergie globale de la planète s'élève. De même, l'écoute d'un son ou la répétition d'un mantra peuvent rétablir la vibration d'un organe, d'une pensée, d'un état d'être.

Vous trouverez sur Internet, ou dans les boutiques spécialisées, des bibliothèques de sons/fréquences[1]. Certaines favorisent le sommeil, d'autres le passage en ondes Thêta, la concentration, la compassion, la créativité, le bien-être, la mémoire, l'estime de soi. Pour un bénéfice optimal, il est préférable de les écouter au casque avec un son bas.

1. Le musicothérapeute Alex Michel a mis au point une technologie du rythme cérébral « Mental Waves ». Il intègre dans ses bandes-son des fréquences d'énergie subtile entraînant la mise en place de nouvelles connexions neuronales. Sa bibliothèque de sons et fréquences est disponible sur www.mental-waves.com. Voir aussi le site spécialisé en recherche sur les vibrations sonores à des fins thérapeutiques : medson.net

Chapitre 2

Découvrir sa signature énergétique et identifier ses croyances limitantes

Ainsi que nous l'avons vu au chapitre précédent, tout est énergie, tout est UN. Ce qui nous distingue les uns des autres, c'est notre mémoire cellulaire. Nos cellules contiennent les informations essentielles au fonctionnement du corps humain, mais aussi les mémoires d'autres vies et chacun de nos ressentis depuis notre conception jusqu'à l'instant présent.

Notre signature énergétique est notre attitude face au monde. Elle raconte notre histoire invisible. Sa véritable forme, qui est grâce et lumière, est déformée par le filtre de nos peurs primaires et de nos projections mentales. C'est en les identifiant que l'on parvient à reconsidérer son étincelle divine car en réalité, notre seule peur est l'obscurité.

J'ai constaté au fil des séances que les personnes ayant les mêmes peurs primaires ont tendance à adopter les mêmes schémas de défense et présentent des signatures énergétiques semblables. Cela est indépendant du lieu de naissance, du milieu culturel ou social auquel elles appartiennent, et même de la nature du traumatisme ou du rapport parental vécu. Ainsi, deux enfants venus de deux continents différents, issus de milieux sociaux différents, ayant vécu des traumatismes différents (l'un adoré, mais se sentant nul face à des parents « tout puissants », l'autre ayant subi des sévices physiques) auront cristallisé la même peur primaire (par exemple, la peur de l'échec), installé les mêmes programmes de survie (par exemple, l'arrogance). Tandis que des jumeaux ayant subi le même traumatisme, des mêmes parents, au même stade de leur évolution, auront développé deux systèmes de défense différents.

Chaque âme porte la responsabilité de son évolution et contient ses propres réponses, qui sont uniques. Mais pour tous, de manière générale, nous avons deux types de guérisons à accomplir : la guérison des mémoires émotionnelles insupportables ou traumatiques survenues pendant la petite enfance, et celle des problèmes fondamentaux que nous avons rapportés avec nous d'autres vies, d'autres plans, en nous incarnant dans le but de les dépasser.

Dans ce chapitre, vous trouverez sept profils énergétiques – ou signatures – que j'ai pu observer au fil de ma pratique. J'ajouterai pour chacun une visualisation créatrice ciblée à pratiquer à votre rythme. Je vous invite à vous approprier ces visualisations créatrices, à les modifier selon vos ressentis. Je détaillerai chaque signature l'une après l'autre et vous trouverez également un tableau récapitulatif en fin de chapitre.

Si l'interprétation de ces signatures est volontairement amplifiée, c'est afin de mieux en cerner les traits. Vous pourrez vous retrouver dans plusieurs d'entre elles, selon l'expérience que vous traversez. Elles décrivent nos croyances limitantes, fruits de nos blessures d'enfance, et nos structures d'autodéfense face au danger immédiat et affectif. Enfin, elles nous éclairent sur nos vertus et nos possibilités, une fois nos souffrances comprises et réparées.

Le chemin de l'évolution est complexe et délicat. Tout en témoignant de notre beauté profonde, nos signatures énergétiques dévoilent à notre insu des chagrins inconscients difficiles à cerner. Aussi, dans la mesure du possible, restez compréhensif et souple à l'égard de vous-même et des autres. **Chaque chemin est unique. Il n'existe ni secret ni règle, mais qu'un désir sincère d'incarner la lumière. Toutes les voies sont La voie.**

1re signature : la Lune

La Lune est sensible, attentionnée, esthète, douce, angélique.

Conditions de la petite enfance : pour des raisons diverses, conscientes ou non, un des parents, des grands-parents, ou une personne de son entourage a exigé de la Lune qu'elle s'efface. Cette personne souffre d'avoir été étouffée, rabaissée ou délaissée. Intérieurement, elle craint de déplaire à ses parents et elle éprouve des difficultés à s'ancrer, à réaliser ses projets dans la matière. Elle ne sait ni comment se protéger ni comment se défendre. De tendance soucieuse ou hypocondriaque, elle a besoin d'être assurée que tout va bien, tout le temps.

Peurs inconscientes : peur de perdre sa lumière. Peur d'être le second. Peur de disparaître. Peur de la banalité.

Croyances limitantes : « Il faut que les gens sachent que je suis génial. » Et, en trame de fond… « Je ne vaux pas le coup. »

Sillage énergétique : Elle semble à l'aise en toutes circonstances mais au fond d'elle-même, la signature « Lune » pense qu'elle doit mériter, justifier sa place sur Terre. Elle oscille entre lumière et obscurité et connait des moments de dépression. Résultat ? Elle est à la fois capable de se battre pour un monde plus juste, puis, ayant du mal à trouver un sens à son existence, elle peut d'un coup s'isoler et se sentir découragée.

« Je me suis trompée de planète », pense-t-elle quand elle va mal.

Structure d'autodéfense. État de crise :

Danger immédiat : face au danger, pour se défendre la Lune attaque ! Entière, vive, sa réponse est épidermique, elle réagit à fleur de peau, défend son point de vue avec intelligence, arguments, preuves tangibles, et ramène les autres à sa cause.

Face au danger affectif : que le danger touche son cœur, mette son amour en péril, et elle se replie sur elle-même, rejette sa propre force en bloc. Victime d'une situation non désirée, elle s'affole, elle doute, elle cogite et cherche le détail, la clé du secret qui lui a échappé. La peur de l'inconnu entraîne avec elle celle de disparaître, d'être mal aimée. Gourous, grigris et conseils extérieurs sont alors les bienvenus. Elle décrypte ses émotions et prie en secret que rien ne soit meurtri, que tout redevienne beau comme avant. Ne parvenant pas à s'aimer, elle sombre dans les phobies et les excès de tout : pratiques religieuses, sport, retraites, mantras, voyance ou nourriture, tout est bon qui la protège de ses incertitudes. Elle redouble de gentillesse et de gratitude alors qu'elle devrait réagir, s'ancrer à la Terre et reprendre ses forces.

Son **chakra racine** a besoin de se reconnecter.

Vertus : charité, empathie, honnêteté, amabilité, délicatesse, générosité, prévenance, profondeur de cœur, sens du devoir, humour vif, patience, persévérance, loyauté, stabilité.

Aura : claire, douce, chatoyante, lumineuse et limpide. En cas de danger, diffuse sur un côté, ou par endroits, désincarnée.

Mission personnelle et collective, une fois la souffrance comprise et réparée :

Comprendre que ses parents sont loin d'être « tout-puissants » l'a libérée de ses entraves. Ses souffrances envolées, la Lune s'éveille de sa douce léthargie. L'angoisse est derrière elle. Étant réconciliée avec ses aspects sombres, le contact avec ses guides s'est établi. Elle respire. Consciente d'être l'enfant du père-Ciel et de la mère-Terre, elle peut à présent s'exprimer en toute sécurité. À elle de choisir la mission qui lui plaît, celle qui lui fera plaisir car une fois ancrée, consciente de l'énergie d'amour, le ciel lui est ouvert et tout lui est permis.

Retrouver son pouvoir est sa principale mission.

Visualisation créatrice de la Lune

La méditation de la Lune se fait le soir, quand l'environnement est doux et le bourdonnement extérieur apaisé.

Assis sur votre chaise ou sur le sol, placez une bougie devant vous et éteignez les lumières. Fermez les yeux pour passer en ondes cérébrales Alpha.

Après quelques respirations profondes, ouvrez vos yeux physiques et ceux de votre cœur, puis

regardez la flamme de la bougie onduler pendant quelques minutes.

Fermez les yeux, visualisez la Lune, offrez-lui vos plus profondes peurs et vos soucis immédiats, si vous en avez. Soyez sans crainte, la Lune est le principe Yin, elle vous accueille dans sa profondeur et son mystère est bienveillance.

Par la pensée, réunissez le Soleil et la Lune et admirez ces deux planètes côte à côte comme deux parents bienveillants. Remerciez ces deux polarités, essentielles à toute vie terrestre.

À présent, projetez vers la Lune l'image de vos parents actuels et visualisez-les rajeunir jusqu'à devenir jeune adultes, adolescents, enfants, bébés puis âmes sur le point de s'incarner. Démystifiez leur pouvoir, en prenant conscience qu'ils sont eux aussi soumis à des peurs et des limitations dont ils se défendent comme ils peuvent, selon leur époque, leur force et leur culture.

Remerciez vos parents de vous avoir engendré. Puis libérez leur image.

Prenez conscience que vous êtes un enfant de l'Univers, une âme pure venue expérimenter la condition terrestre. Par la pensée, posez vos pieds

à plat sur la terre ferme, ressentez le sol, et remerciez le Ciel pour votre incarnation.

Ouvrez les yeux.

2e signature : le Soleil

Le Soleil est lucide, créatif, secret, impulsif.

Conditions de la petite enfance : intellectuellement extralucide, émotionnellement ultranaïf, et entre les deux une âme sensible. Cet enfant a subi des critiques abusives, il a été admiré puis jalousé, harcelé, envié, trompé, moqué, utilisé pour sa lumière, bloqué dans ses élans.

Peurs inconscientes : peur d'être différent. Peur d'être détruit. Peur de sa puissance. Peur d'être blessé. Peur de perdre l'estime de lui-même.

Croyances limitantes : « Je suis incompris. » « Je suis mal aimé. » « Je dois servir l'autre pour être aimé. » « Je suis seul au monde. »

Sillage énergétique : à la peur bleue d'être blessé, il préfère encore le mutisme et c'est un être ultrasecret. Il est sensible à la souffrance du monde mais préfère rester en retrait. Il a besoin de calme. En vérité, rien ne lui échappe, il a le sens de l'humour et sa perspicacité en impose. Généreux et candide, il exècre la détresse de l'autre. Dites-lui que vous souffrez, que vous regrettez, et il se jettera à vos pieds.

Structure d'autodéfense. État de crise :

Danger immédiat : ses réactions sont brusques, immédiates, excessives, et vont dans tous les sens. À quel moment s'est-il fait avoir ? Lorsqu'il comprend qu'il s'est fait berner, c'est-à-dire qu'il a accordé sa confiance à un imposteur, son dégoût est proportionnel à son sentiment d'impuissance. Sa colère est le cri d'une détresse profonde, un gouffre énergétique, une source vive d'autodestruction. Incapable d'appréhender la médiocrité du monde terrestre, regrettant aussitôt de s'être emporté, il s'en veut à lui-même.

Face au danger affectif : exposé au danger de la blessure intime, il implose et explose en un seul et même mouvement. Impossible d'exprimer sa pensée, d'organiser ses sentiments. Passé, présent, futur, bons et mauvais moments ne font qu'un. La douleur de son cœur embrume son entendement ; il perd confiance en son discernement. Ne sachant plus s'il a tort ou raison, il devient sa première source d'angoisse et bloque ainsi son **2e chakra**.

Si vous avez de l'affection pour lui, faites-le lui savoir, c'est la pilule magique dont il a besoin, l'antidote qui lui fera du bien.

Aura : solaire. Ample, attirante. Certains pics apparaissent quand il est en colère. Terne quand il est déprimé.

Vertus : clairvoyance, sagesse, franchise, équité, audace, authenticité, simplicité, respect de l'autre, justice, persévérance, gentillesse, intégrité. Finesse, goût pour le beau, le luxe, la transparence et tout ce qui est solaire.

Mission personnelle et collective, une fois la souffrance comprise et réparée :

Ce sont des enfants indigo, les guérisseurs des guérisseurs. Une fois rétabli de ses blessures et de ses peurs, l'enjeu principal est de faire advenir la nouvelle Terre. Il enseigne par l'exemple, sait prendre du recul et vivre à deux niveaux, un pied dans l'ancien monde, un autre dans le nouveau, amenant par la main avec patience et calme ceux qui le décident, qui demandent à le suivre. C'est le passeur. Il connaît les chemins secrets et ouvre volontiers la voie de la sagesse à qui souhaite l'emprunter.

Apaiser sa colère est sa première mission.

Visualisation créatrice du Soleil

Fermez les yeux.

Par la pensée, visualisez-vous en pleine journée d'été dans un champ de fleurs, au sommet d'une montagne ou sur une plage de sable fin.

Allongez-vous à même le sol, sur le dos. Détendez-vous, offrez votre corps au soleil et sentez ses rayons vous remplir. Regardez sa couleur jaune devenir bleue. Imaginez un coucher de soleil bleuté et intégrez cette couleur en vous.

En pénétrant votre corps, la chaleur des rayons de lumière dissout vos colères, vos sentiments d'angoisse, et soigne vos blessures.

Si vous le pouvez, localisez l'endroit où s'est concentrée votre colère (fois, reins, dos, nuque, plexus, main, etc.) et, avec beaucoup de délicatesse, baignez-le de lumière bleue solaire.

Oubliez tout.

Ouvrez les yeux.

3e signature : l'Altruiste

L'Altruiste est dévoué, courageux, impliqué.

Conditions de la petite enfance : cet enfant a grandi sur la scène d'une famille joyeuse où l'on aime se réunir, tout savoir des uns et des autres, mais où la profondeur des sentiments de chacun est taboue. Il a subi l'injonction d'être parfait. On lui a demandé d'être sage, d'honorer ses parents, d'incarner leur « grandeur ». À moins qu'il ne se le soit demandé à lui-même dans un moment d'égarement ou d'immense solitude.

Peurs inconscientes : peur de se rencontrer. Peur de s'aimer. Peur de succomber sous le poids de ses chagrins non exprimés. Peur du rayonnement de sa propre lumière.

Croyances limitantes : « Je donne, donc j'existe. » « Je dois tout faire pour l'autre. » « Je dois me rendre indispensable. » Et, en trame de fond : « Je ne suis pas assez bien. »

Sillage énergétique : il s'identifie à ce qui protège : la famille, l'autorité, la discipline, le groupe, la religion, et a besoin d'avoir raison. Pour éviter de se rencontrer, il amplifie son ouverture, écoute les avis de chacun, bavarde intensément, répond promptement à l'appel du monde extérieur. Il sait avec brio manier les points de vue, écouter, plaisanter. Il est bon et juste, il s'accomplit par le don de soi, mais son **chakra du plexus solaire** tourne parfois à contresens.

Structure d'autodéfense. État de crise :

Danger immédiat : qu'il se sente attaqué, et l'autre devient l'ennemi ! Perdant simultanément le sens de l'humour et celui de la mesure, il provoque son adversaire, l'affronte rigoureusement. Inflexible, sous l'emprise de la peur il questionne, prend de grandes décisions ou devient brusquement indifférent à l'autre. L'amitié s'éclipse.

Lâchez prise ou ça tournera au pugilat. L'Altruiste ne se détend qu'une fois sa victoire assurée.

Face au danger affectif : s'il se sent remis en question, il esquive par l'explosion d'une scène de ménage enflammée. Rendre l'atmosphère électrique lui permet de prendre la main sur la suite des évènements. Puis il se calme et détourne la conversation en soulevant un problème d'ordre général plus important ou grave. Rassuré par les prémices d'une réconciliation, chacun passe à autre chose. Voilà la méthode de l'Altruiste. Quand il est seul et dans sa réflexion, il peut arriver qu'il ressente un excès d'impuissance, fruit du refoulement de ses besoins affectifs. Il en souffre et pour se protéger, redouble d'humanité, s'empresse de s'oublier lui-même, s'offre corps et âme au service de l'autre, quitte à sacrifier sa vérité et sa liberté.

Aura : une aura immature, ample, dans l'accueil, ouverte à l'autre. En cas de conflit l'aura se pare d'un voile protecteur, on croit l'approcher mais on ne peut l'atteindre.

Vertus : sens profond de l'amitié, ultralucide, désintéressé, empathique, sens de l'humain, de la politesse, écoute de l'autre. Justesse, droiture, profonde bienveillance, force mentale, passionné, courageux. Habile en affaires.

Mission personnelle et collective, une fois la souffrance comprise et réparée :

Il est en vérité d'une gentillesse légendaire, ce qui explique ses nombreux amis issus de toutes cultures, de tous milieux sociaux. Quand l'Altruiste se remet en question, le changement est radical. Désormais en haut de l'affiche, il assume sa position. On l'adore. C'est l'agent d'artistes multipliant les contacts et rencontres, repérant à mille lieues le talent, propulsant les uns et les autres au cœur de beaux projets ou sous les projecteurs. Grand protecteur, c'est aussi le défenseur des plus démunis ou encore l'écologiste rebelle, brandissant le drapeau d'une justice nommée Terre, mettant à nu et à sang les desseins cachés des manipulateurs. S'il aime le groupe en général, il excelle dans la relation à deux. Ce guérisseur de l'âme vous fait sentir unique, particulier, son amour vous donne des ailes. À ses côtés tout est possible.

Accepter sa grandeur dans cette incarnation est sa mission la plus intime.

Visualisation créatrice de l'Altruiste

Cette méditation se fait sous une lumière matinale naturelle. Posez un verre d'eau près de vous. Fermez les yeux et respirez profondément.

Visualisez-vous face à l'océan. Nous sommes le matin et il est 7 heures.

Projetez le décor qui vous plaît : pluie ou soleil, nuages ou ciel d'azur, mer calme ou rebelle, sable fin ou galets, fond d'air frais ou chaud…

Une fois le décor installé, imaginez-vous aller vous baigner.

Ressentez l'eau vive autour de vous, sa température, sa douceur, sa couleur.

Par la pensée, faites un bain rituel. L'eau est votre alliée. Plongez une première fois, puis demandez à laver les émotions bloquantes qui ne vous servent plus.

Immergez-vous entièrement dans l'océan, dix fois d'affilée.

À chaque souffle repris, imaginez une lumière céleste remplir vos poumons.

Sous l'eau, imaginez vos émotions se colorer, devenir fluides et souples, certaines quittent votre corps à l'image d'une teinture multicolore dégorgeant d'un tissu de soie. À chaque immersion d'autres couleurs/émotions enfouies apparaissent et se délavent sous vos yeux.

À la dixième immersion, ressentez votre corps purifié.

Ouvrez les yeux.

Buvez votre verre d'eau.

4e signature : le Maestro

Le Maestro est brillant, diplomate, attentif.

Conditions de la petite enfance : cet enfant a été élevé selon des règles strictes, une méthode, des codes de conduite. Ses parents, ou ses grands-parents, prudents et réfléchis, ont au fil du temps construit une position sociale, morale ou religieuse, qui leur servait symboliquement de protection contre le mal. Il a beaucoup reçu, mais a manqué de chaleur et d'enfance. L'injonction de réussir, doublée d'une insuffisance de tendresse, l'a isolé du monde.

Peurs inconscientes : peur d'aimer et d'être vulnérable. Peur de changer les codes, de perdre ce qu'il croit être sa liberté. Peur d'être à la hauteur de ses désirs profonds.

Croyances limitantes : « Je fais ce que je veux ! » « Je dois assurer selon les codes que j'ai reçus, sinon je ne suis rien. » Il craint au fond de lui que sa structure ne s'effondre.

Sillage énergétique : ses armes ? La flamboyance, la sécurité, le flegme. Il aime les coups de génie, relever des défis calculés, se surpasser et faire preuve de sang-froid. Impatient et précis, il ne supporte ni l'attente, ni la restriction, ni perdre ses acquis. Il a besoin de rituels. Les habitudes, les rendez-vous répétitifs le rassurent. Devant la nouveauté il avance à l'instinct, improvise, tente sa chance, prend de grands risques puis recule d'un coup devant le danger. À ce moment précis, sans même le savoir, il éteint sa lumière et suit l'obscurité. Son entourage l'ignore, mais c'est un grand introverti. Il manque parfois de tact, de finesse, de sens d'analyse. Il lui arrive de se sentir soudain intimement désabusé ou perdu.

Structure d'autodéfense. État de crise :

Danger immédiat : par tradition merveilleux protecteur, il devient inflexible ou méchant lorsqu'il se sent incompris, blasé, ou que ses vieilles blessures se raniment. Dites-lui qu'il a perdu la partie par excès de zèle ou manque de courage, et il vous répondra par le cynisme ou le déni. Pour l'apaiser, envoyez-lui de la chaleur ou essayez l'humour, car il a l'esprit fin, et si cela échoue laissez-le tranquille, il reviendra plus tard. Respecter sa liberté est la seule façon de lui prouver votre amour. Si vous tenez toutefois à le remettre en question, prenez des gants blancs de velours : le Maestro est tatillon, il vous tiendra rigueur de l'avoir démasqué.

Face au danger affectif : il défie volontiers le péril, mais si le succès est incertain, il reprend vite ses billes et cherche l'issue de secours en faisant une pirouette. Il recouvre sa fragilité d'une extra-dose d'exubérance et pour éviter de souffrir, il fonce tête baissée vers d'autres aventures périlleuses, éphémères et burlesques. Il éprouve ensuite un besoin de réconfort et devient très doux et attentionné.

Aura : superbe et lumineuse, glorieuse autour de la tête et du chakra racine. Fragmentée ou confuse autour du cœur en cas de panique.

Vertus : grand séducteur, il est loyal, délicat, juste, joyeux, chaleureux, très généreux, intelligent, malicieux. Extrême sensibilité, virtuosité, finesse, spontanéité. Conscient et maître de lui-même.

Mission personnelle et collective, une fois la souffrance comprise et réparée :

C'est un conquérant, il voit loin dans le temps. Il abomine la fatalité et refuse l'immobilité, la stagnation des situations et des émotions. Défenseur de l'être humain, amoureux de l'échange à deux, à l'aise dans l'intimité, une fois sa souffrance réparée, il s'occupe de chacun un à un, mettant tout en œuvre pour réparer les manques et faire justice. Et il jouit d'un plein succès ! C'est un Maestro. Quand il triomphe, il jubile et le fait savoir ; il taquine, devient espiègle, s'imagine en superhéros et son aura se pare de couleurs flamboyantes. C'est sa revanche sur son enfance manquée. Qu'il **ouvre son chakra du cœur** et expérimente l'amour vrai, qu'il ose marcher hors des sentiers battus et l'humanité en sera sauvée. Quelques mots de lui suffisent à transformer la peine en gloire, à transmuter la grenouille en colombe. Car il est magicien de l'âme. Personne ne sait comme lui séduire et faire le bien, raviver l'allégresse de l'enfance, ressusciter en chacun et pour longtemps le goût et la force de vivre.

Apprendre à écouter son cœur est la première raison de son incarnation.

Visualisation créatrice du Maestro

Créez une ambiance chaleureuse dans la pièce, encens, bougies, tapis… En fond sonore, écoutez un son binaural ou une chanson que vous aimez en fréquence 528 Hz.

En position assise, respirez.

Concentrez-vous sur votre cœur et écoutez-le vibrer. Votre respiration est ample et régulière. Les yeux fermés, écoutez chaque son.

La vibration de la musique pénètre en vous et vous devenez le son, vous devenez le rythme.

Tout en laissant le rythme vous imprégner, imaginez la couleur verte devant vous et tout autour de vous.

Concentrez-vous sur votre cœur et regardez-le se remplir de lumière verte. Il s'ouvre comme une fleur et absorbe l'énergie de la couleur. Son rythme régulier élève votre niveau vibratoire, laissant

s'évanouir d'elles-mêmes les pensées douloureuses et les peurs inutiles.

Sans transition, imaginez-vous dans une clairière au mois de juin.

Respirez cet air frais et tonique.

Ouvrez les yeux.

5e signature : le Manager

Le Manager est dégourdi, observateur, enjoué, léger, espiègle.

Conditions de la petite enfance : il a été mis en compétition dès la plus tendre enfance. Sans se soucier de ses états d'âme et de sa fragilité, son entourage lui a demandé de briller, de s'imposer, de survaloriser ses atouts et de réussir dans la matière. Avec une injonction bonus : rester ultra-léger !

Peurs inconscientes : peur de se fondre dans la masse. Désir secret de contrôler la mort.

Croyances limitantes : « Grandir, c'est mourir. » « Je dois briller pour être aimé. » « Les autres sont mieux que moi. » Et, en trame de fond : « J'ai ma carte à jouer et il faut faire vite. »

Sillage énergétique : passions, exploits et Nirvana, il n'a pas d'autre option que de choisir ce camp. Craignant d'explorer son âme, le Manager fuit la solitude en s'entourant d'amis fidèles. La déprime des autres lui est insupportable. La sienne propre ? Une étrangère venue lui saper le moral ! Le monde est un terrain de jeu qui se renouvelle sans cesse. Cette version des faits le rassure, cette vision le soutient, le rend libre et heureux. De nature impatiente et plus conditionné qu'il ne le souhaiterait, il peine à trouver sa Lumière. Ses relations restent en surface. Le travail sur soi est subtilement remplacé par les défis ou les projets, mais en vérité, son **chakra de la gorge a besoin d'être entendu**…

Structure d'autodéfense. État de crise :

Danger immédiat : pourquoi forcer le passage, la porte est en béton armé ! Devant l'orage, le Manager abrite son cœur et sort son imperméable. Ainsi, l'intempérie ne lui fera ni chaud, ni froid. Après la pluie, le beau temps. Créer, nier ou s'enivrer sont les clés du succès. Tandis que l'intello joue les gourous, se perd dans ses causeries et refait le monde depuis son centre, le plus enfantin court à toute berzingue au cœur d'un tourbillon dans lequel virevoltent Mickey, les jet-skis ou jets privés, les chefs étoilés et plein d'autres choses parfumées.

Face au danger affectif : plus que la peur d'être nul aux yeux de ses parents, le Manager craint d'affronter sa rage d'avoir été contraint de briller, obligé de réussir pour leur plaire et, dans bien des cas, pour les faire exister. Pour échapper au risque de la blessure émotionnelle ou de la remise en question, certains se noient dans les spas et retraites de bien-être, d'autres ne cessent de s'activer. D'autres encore, perdant la maîtrise du réel, réagissent à l'inquiétude en tombant dans les drogues.

Cette signature énergétique émet des signaux de liberté, de légèreté, de réussite ou de richesse. On lui trouve souvent alentour des pompeurs d'énergie venus se nourrir à sa source.

Aura : brillante, visible à mille lieues, large, sensible, aérienne, pleine d'humour, de connaissances, de légèreté. Très colorée, mais par endroits serrée autour du chakra de la gorge.

Vertus : une générosité hors du commun. Une très grande vivacité. Une foi en la vie et son abondance. De l'enfance, il a gardé la joie de vivre, la faculté de rebondir et renaître de ses cendres.

Mission personnelle et collective, une fois la souffrance comprise et réparée :

Le Manager est un grand défenseur du droit humain. Liberté d'être, liberté de penser, liberté de vivre sont ses mots d'ordre. Une fois sa souffrance réparée, il guérit son prochain grâce à sa joie communicative et sa légèreté authentique. Héritier d'un savoir millénaire, il enseigne l'art de se connecter au divin et célèbre la vie depuis les plus belles plages du monde.

Connecter à sa conscience supérieure est sa première mission.

Visualisation créatrice du Manager

Les yeux fermés. Assis sur une chaise ou au sol. Prenez trois respirations.

Cherchez vos peurs en vous. Invitez-les au dialogue. Regardez-les, scrutez-les. Quelle est leur couleur ? leur densité ? leur apparence ? Qui sont-elles ? Quel est leur nom ? Quelle est leur vibration ? Que vous disent-elles ? D'où viennent-elles ?

Acceptez-les. Dites-leur que vous les aimez, que sans elles, vous ne seriez pas celui ou celle

que vous êtes. Apprivoisez-les, faites-en vos complices.

Votre plus grande peur est souvent proche de votre plus profond désir.

Que désirez-vous au plus profond de vous-même ? La joie, la liberté, la réussite sociale, la longévité, l'âme sœur ?

Comparez votre désir et votre peur : vous désirez l'âme sœur mais vous craignez l'amour. Vous désirez la réussite sociale mais vous craignez la concurrence. Vous désirez la joie mais vous craignez la désillusion. Vous désirez la liberté mais vous rejetez la connaissance de soi.

Poursuivez votre étude intérieure, comparez vos désirs et vos peurs.

Vos peurs vous montrent ce sur quoi vous devez travailler.

Regardez votre peur comme si elle était un mur gris. Sur ce mur, dessinez une porte.

Ouvrez la porte, et sortez. Derrière la porte : la pleine nature. Respirez cet air frais et nouveau.

Enfin, concentrez-vous sur le chakra de la gorge et chantez. Émettez un son, frêle, timide, ténu ou bas… faites vibrer vos cordes vocales. Quelques minutes ou plus, jusqu'à retrouver confiance en vous et en votre voix.

Ouvrez les yeux.

6e signature : la Discrète

La Discrète est compréhensive, résistante, protectrice, brillante, persévérante.

Conditions de la petite enfance : la fracture vient la plupart du temps d'un parent qui a refusé l'enfant à un moment ou à un autre de son existence. Les raisons sont variées. Que sa maman ait mal vécu cette grossesse ou qu'elle ait ressenti une peur à l'accouchement, et voilà le programme mis en place ! Cette sensation d'imposture est aussi celle de l'enfant qui arrive juste après un avortement, une fausse couche ; le ventre de la maman est encore empreint de ce traumatisme non cicatrisé, et pendant sa gestation l'enfant ressent de l'instabilité ou croit prendre la place d'un autre.

Si l'enfant est déjà né, ce seront quelques mots entendus lors d'une dispute, remettant en question sa naissance, sa présence, et donc son existence. Ou une belle-mère marâtre l'aura-t-elle assommé d'un coup de talon bien placé ? Ou encore est-ce l'aîné obligé de composer ? En grandissant, l'enfant a développé le sentiment de n'être à sa place nulle part, il a contenu sa colère et s'est isolé pour survivre.

Peurs inconscientes : peur d'être illégitime. Peur de s'affirmer. Peur de ne pas s'affirmer. Peur de vivre pleinement.

Croyances limitantes : « Je dois m'accrocher pour exister. » « Je suis illégitime. » « J'aimerais vivre, mais je ne dois pas. » « Je ne suis pas en colère. »

Sillage énergétique : nonobstant l'amour qu'on lui porte, on néglige souvent la Discrète, en oubliant de l'appeler ou de la solliciter. Mais subir ne lui pose pas souci, elle sait faire l'autruche comme personne ! Si elle est de nature naïve, elle attire un mari (ou une femme) égoïste, choisit un travail routinier, des amis abusifs. De temps à autre, elle se réveille et pique une grosse colère. L'orage bruisse, rafraîchit l'atmosphère, désaltère et fait du bien. Mais rien ne bouge et le manque d'estime pour elle-même reste intact. Si elle est de nature ambitieuse, elle prépare son coup dans l'ombre et va au bout de son projet sans vaciller.

Structure d'autodéfense. État de crise :

Danger immédiat : un danger ? Un problème ? Mais où ça, comment ça ? Aucun danger, aucun problème, que des solutions, clame la signature Discrète, tout en préparant son kit de survie. Au moindre signe d'hostilité, elle multiplie et superpose les carapaces. Elle perd alors sa force visionnaire et devrait méditer pour harmoniser son 6e chakra.

Face au danger affectif : elle travaille en sous-marin, construit au millimètre, pose un cadre, un timing, organise le combat. C'est l'« intrigante », l'amant ou la maîtresse qu'on n'a pas vus venir, l'aimable patronne qui nous a tous virés. C'est le mari ou la femme qui voit tout, accepte tout et qui, dans l'ombre, tient les comptes à jour… Diplomate, elle en impose, et son indifférence est son manteau de cachemire. Elle en a vu d'autres et dans la balance, la déception est une plume d'oie : elle maîtrise. Là où d'autres auraient capitulé, elle tolère ses défaites en silence et garde sans confusion la direction de sa vie. Elle pourrait tourner fanatique mais en attendant, c'est la reine du royaume.

Aura : son bouclier énergétique est calme et ample, par endroits très fin, parsemé de petits trous qui laissent filer son énergie. Ce qui explique que l'on puisse quelquefois manquer sa présence.

Vertus : persévérance, intelligence, autodiscipline, détachement, patience, constance, conscience, responsabilité, détermination, sang-froid, souplesse.

Mission personnelle et collective, une fois la souffrance comprise et réparée :

C'est le guérisseur de la Terre-mère. Ses blessures réparées, elle lâche prise instantanément sur sa volonté de toute-puissance et choisit consciemment son combat. Elle met toute la ruse et la finesse qui la caractérisent au service de la planète. Elle sauve Gaïa, sa terre d'accueil, tout simplement.

Valoriser sa place sur Terre, accepter son incarnation, est sa principale mission.

Visualisation créatrice de la Discrète

Fermez les yeux. Concentrez-vous sur votre cœur. Respirez profondément.

Placez l'image de vos parents devant vos yeux. Regardez-les droit dans les yeux.

Vos parents deviennent vos enfants. Leur toute-puissance est surannée.

Que diriez-vous à vos parents s'ils étaient vos enfants ?

Comment pourriez-vous améliorer le lien éternel vous unissant ?

Chaque génération est une version modernisée de la précédente.

Si, pendant votre enfance, vos parents vous ont enseigné la « bonne » façon de vivre dans ce monde matériel, vient un temps où les forces s'inversent, où il vous appartient de leur enseigner à votre tour les nouveaux états de conscience de la Terre.

Transmettez à vos parents les informations qu'ils n'ont pas encore reçues.

La génération en cours est la génération du savoir. La génération précédente est une version déjà dépassée du Monde qui vous entoure.

Quand vous avez compris cela, ouvrez les yeux.

7e signature : Le Radar

Le Radar est ingénieux, avisé, visionnaire.

Conditions de la petite enfance : cet enfant est resté seul avec ses souffrances. Son intelligence singulière et sa soif d'absolu ont été négligées. On lui a demandé d'être adulte avant l'heure et de s'autogérer, et il a souffert de ne pouvoir s'imposer. Il rêve d'une autre famille, considérant que la sienne est limitée.

Peurs inconscientes : peur de ne pas se réaliser. Peur de la trahison.

Croyances limitantes : « Le monde extérieur est nuisible. » « Je suis différent. » « Je dois me débrouiller par moi-même. » Et, en trame de fond : « Je suis génial. »

Sillage énergétique : devenu adulte, il est à la fois ouvert au monde qui l'entoure et fonctionne en circuit fermé. Il a du mal à s'associer, à déléguer. Il est avenant, social, mais peut cruellement manquer de compassion. Il pense beaucoup, manie le verbe à merveille et accepte la remise en question, mais son perfectionnisme aigu peut facilement l'éparpiller, faire échouer ses projets. L'expérience reste alors inachevée, bloquée dans des schémas répétitifs. Dans ces moments, **son chakra coronal s'embrume**, il manque d'inspiration et devrait se reposer.

Structure d'autodéfense. État de crise :

Danger immédiat : qu'il se sente agressé et il tourne au vinaigre en une microseconde, « celui qui n'est pas avec moi est contre moi ! » dit le Radar. Il passe sans transition de « brillant orateur » à machine à conflit, se transformant sous vos yeux en un puissant tyran énergétique. Face au danger, il érige ses barrières et passe en mode survie. Il verrouille les issues, restreint le champ des possibles. Il n'existe qu'une vision, la sienne, qu'une vérité, la sienne, qu'un timing, le sien. Le voilà qui dicte et explique aux gens qui ils sont, comment ils doivent penser, se comporter, ce qu'il attend d'eux, ce qu'ils doivent vivre pour être libres. Peu importe s'il est 22 heures ou 6 heures du matin, si vous êtes occupé à réfléchir ou à dormir, ce qu'il a à dire ne saurait attendre, et comprenez bien qu'il a autre chose à faire que de vous donner de son temps précieux. Apprendre à reconnaître les signes avant-coureurs de son système de défense est salvateur, car ce qui se profile n'est rien de moins qu'un tsunami. Une seule issue, la fuite, ou si l'affaire est grave, l'abdication.

Face au danger affectif : s'il est dépendant affectif, il menacera de se détruire ou de ne plus vous revoir. Il a peur, soit, mais vous n'y êtes pour rien. Il tourne en boucle dans sa transe, mais sa détresse est sincère. Le terrain est glissant. S'il joue avec vos nerfs, le mieux à faire est de vous détendre. Baissez la tête et toutes affaires cessantes, donnez-lui l'attention qu'il demande. Écoutez, encaissez, ça ira mieux demain. Devenez lisse comme le marbre, son aura est en forme de crocs, de harpons, de crochets qui ne demandent qu'à s'élancer. Si vous l'écoutez sans résistance, envoyant secrètement des prières de guérison, le ton de la conversation pourrait tourner en rires et mots d'amour ou finir sur un bon repas, car à celui qui « respecte » son narcissisme aigu et surfe sur la vague, il offre son plus beau sourire et toute la tendresse de son cœur. À ce moment-là, vous serez probablement loin du désir de cet amour, mais vous aurez évité le pire et retrouvé la paix de l'esprit.

Aura : aussi vive qu'un projecteur, présentant des crochets ou des pointes fluides et vivaces autour de la tête dans les moments de danger ou de jubilation.

Vertus : grande intelligence, clairvoyance, clairaudience, clair ressenti, rapide d'esprit, ses instincts sont ultra-développés. Créativité. Dons de médiumnité. Sens de l'amitié, de la justice, de la communication, de la négociation.

Mission personnelle et collective, une fois la souffrance comprise et réparée :

Une fois libérée des traumatismes subis dans cette vie ou rapportés d'autres incarnations, la signature Radar est non seulement capable de relever n'importe quel défi, mais d'aller au bout de ses projets. Communicative, avenante, profonde et attentionnée, elle sait comment procéder pour défendre et guérir certaines grandes causes de souffrance dans le monde. Pour elle, rien n'est plus facile que de créer des maisons d'accueil, des hôpitaux ou des orphelinats chaleureux « comme à la maison », rien n'est plus jouissif que d'abreuver d'eau les terres les plus sèches. En période de guerre, c'est le résistant qui remonte le moral des troupes et frappe dans le mille. Avec lui, vous êtes en sécurité. Lors de vies moins mouvementées, il saura divinement entretenir l'harmonie de sa famille et de son quartier. Il fera de la haute pâtisserie, de la mécanique de précision ou sera chercheur scientifique.

Accepter la vérité, comprendre la souffrance de l'autre, est sa victoire sur ses blessures et sa principale mission.

Visualisation créatrice du Radar

Fermez les yeux. Concentrez-vous sur votre cœur. Respirez profondément.

Visualisez : par un après-midi de printemps, le temps est doux, vous êtes debout en pleine nature, à la croisée des chemins. Ils sont au nombre de sept :

– le premier est effilé, lumineux, solaire, les arbres qui l'entourent montent droit vers le ciel ;

– le second est vert vif. Bordé de chênes majestueux, il présente un virage à quelques mètres… ;

– le troisième est large, rose, vous voyez des animaux jouer et gambader ;

– le quatrième est un superbe champ de coquelicots au centre duquel se trouve un puits ;

– le cinquième est très touffu vous ne voyez pas où il mène… ;

– le sixième a l'air beau, mais une porte de verre se dresse à son entrée… ;

– le septième est vertical, sa route va vers le ciel.

Regardez-les attentivement…

Détendez-vous.

Empruntez le chemin le moins fréquenté. Avancez sans crainte vers sa lumière.

Le vampire énergétique

Vampire énergétique n'est pas une signature mais l'état d'être du paresseux qui se nourrit de sa propre dépendance. Il recherche la compagnie de l'Altruiste, du Manager, du Soleil ou du Maestro, parfois celle de la Discrète ou de la Lune. Il fuit le Radar, qu'il craint par-dessus tout. Vous reconnaîtrez ce dévoreur d'énergie par son bavardage et sa façon de vous fixer du regard dès que vous entrez dans la pièce. Ses antennes captent les énergies de droite et de gauche, aspirant ce qui déborde, jusqu'à ce qu'il repère sa cible ou trouve une place pour s'affirmer. Il est maître dans l'art de bloquer une assemblée entière toute une soirée, tenant les autres en otage avec une histoire incroyable, ou imposant par A + B une construction mentale logique et rationnelle, incompréhensible à tout esprit sensé. C'est le grand négatif, le masochiste, le pessimiste ou celui qui rabâche inlassablement les mêmes propos et revient en boucle sur la même discussion. Habitué à se nourrir de l'information grand public, il s'autolobotomise à coups de télévision H24 et de réseaux sociaux. Il a une façon bien à lui de remettre sa vie entre les mains des autres, tout en s'en excusant. Il attise en vous un cocktail de sympathie et de colère et vous piège par sa gentillesse. Vous l'aidez, il vous en remercie. Mais la discussion laisse une impression d'inachevé, d'inabouti, d'inutile et de vain.

TABLEAU DES SIGNATURES ÉNERGÉTIQUES

	LUNE	SOLEIL	ALTRUISTE	MAESTRO	MANAGER	DISCRÈTE	RADAR
Caractère	Doux, attentionné	Lucide, créatif, secret	Dévoué, courageux	Brillant, diplomate, attentif	Observateur, enjoué, espiègle	Comprehensif, protecteur, persévérant	Ingénieux, visionnaire.
Conditions de la petite enfance	Cet enfant a été délaissé ou rabaissé. Il craint de déplaire à ses parents.	Cet enfant a été admiré puis jalousé, rejeté et bloqué dans son élan.	Cet enfant a subi l'injonction d'être parfait.	Cet enfant a été privé de chaleur et il a subi l'injonction de réussir.	Cet enfant a été mis en compétition dès la plus tendre enfance. Il a subi l'injonction de briller.	Cet enfant a peut-être été non désiré, est né après un avortement ou une fausse couche ou encore a souffert des disputes de ses parents.	Cet enfant a souffert de ne pouvoir s'imposer. Il s'est senti seul et incompris.
Peurs inconscientes (installées pendant la petite enfance)	Peur de perdre sa lumière. Peur d'être le second. Peur de disparaître. Peur de la banalité.	Peur d'être différent. Peur de perdre l'estime de soi. Peur d'être blessé.	Peur de se rencontrer. Peur de s'aimer. Peur du rayonnement de sa propre lumière.	Peur d'aimer et d'être vulnérable. Peur de changer les codes. Peur de perdre sa liberté.	Peur d'échouer. Peur de manquer. Peur de se fondre dans la masse. Peur de mourir.	Peur d'être illégitime. Peur d'échouer à s'affirmer. Peur de vivre pleinement.	Peur de ne pas se réaliser. Peur de la trahison.
Croyances limitantes	Il faut que les gens sachent que je suis génial. Je ne vaux pas le coup. Je dois justifier ma place sur Terre.	Personne ne me comprend. Personne ne m'aime. Je dois servir l'autre pour être aimé.	Je donne, donc j'existe. Je ne suis pas assez bien…	Je fais ce que je veux. Je dois assurer. Je crains que ma structure ne s'effondre.	Grandir, c'est mourir. Je dois briller pour être aimé. Les autres sont mieux. Il faut faire vite.	Personne ne me voit. Je dois m'accrocher pour exister. Je ne suis pas en colère.	Le monde extérieur est nuisible. Je suis différent. Je dois me débrouiller par moi-même.

	LUNE	SOLEIL	ALTRUISTE	MAESTRO	MANAGER	DISCRÈTE	RADAR
Sillage énergétique	La signature Lune semble à l'aise en toutes circonstances mais vit en secret des moments de dépression	La signature Soleil est un être secret à qui rien n'échappe. Il est généreux et un peu candide.	La signature Altruiste a besoin d'avoir raison et se perd dans les bavardages.	La signature Maestro est un être flamboyant qui a besoin de repères. Il est audacieux mais manque parfois de courage.	La signature Manager craint de se rencontrer elle-même et préfère rester superficielle.	La signature Discrète manque d'estime pour elle-même, elle semble subir en silence, mais peut devenir intrigante.	La signature Radar est celle d'un être avenant et social. Perfectionniste, il peut manquer de compassion. Il manie le verbe à merveille.
Structure d'auto-défense. Réactions face au danger.	Pour se défendre, la Lune attaque ou s'effondre si le danger est affectif.	Ses réactions sont brusques, immédiates. Il rejette tout en bloc avec colère puis culpabilise secrètement.	Il attaque, explose d'un coup et détourne le sujet. Il échappe à la souffrance en s'empressant d'aider les autres.	Face au danger, il fanfaronne pour se donner une consistance. Il a ensuite besoin de réconfort et devient très doux.	Elle échappe au danger en cherchant refuge dans l'action. Certains peuvent tomber dans les drogues.	Elle reste imperturbable. Une main de fer dans un gant de soie.	Il réagit au danger par une agressivité aigue. En souffrance affective, il peut menacer de disparaître.
CHAKRA à harmoniser	RACINE	2e CHAKRA	PLEXUS	CŒUR	GORGE	6e CHAKRA	CORONAL
Forme de l'aura	Limpide. Parfois diffuse sur un côté, ou par endroits aérienne.	Solaire. Ou en pics quand il est en colère. Terne quand il est déprimé.	Voile protecteur aussi doux que impénétrable.	Glorieuse autour de la tête et du chakra racine mais rétrécie ou confuse autour du cœur.	Colorée, par endroits serrée autour du cou.	Contrôlée. Le bouclier est fin mais solide. Présente des endroits de fuite d'énergie.	Présente des crochets ou des pointes fluides.

	LUNE	SOLEIL	ALTRUISTE	MAESTRO	MANAGER	DISCRÈTE	RADAR
Vertus principales	Charité, empathie, honnêteté, amabilité, délicatesse, générosité, prévenance, profondeur de cœur, sens du devoir, humour vif, patience, persévérance, loyauté, stabilité.	Clairvoyance, sagesse, franchise, équité, audace, authenticité, simplicité, respect de l'autre, justice, persévérance, gentillesse, intégrité. Finesse, goût pour le beau, le luxe, la transparence et tout ce qui est solaire.	Sens profond de l'amitié, ultralucide, désintéressé, empathique, sens de l'humain, de la politesse, écoute de l'autre. Justesse, droiture, profonde bienveillance, force mentale, passionné, courageux. Habile en affaires.	Grand séducteur, il est loyal, délicat, juste, joyeux, chaleureux, très généreux, intelligent, malicieux. Extrême sensibilité, virtuosité, finesse, spontanéité. Conscient et maître de lui-même.	Une générosité hors du commun. Une très grande vivacité. Une foi en la vie et son abondance. De l'enfance, il a gardé la joie de vivre, la faculté de rebondir et renaître de ses cendres.	Persévérance, intelligence, Autodiscipline. Détachement, patience, constance, conscience, responsabilité, détermination, sang-froid. Souplesse.	Grande intelligence, clairvoyance, claire-audience, clair-ressenti, rapide d'esprit, ses instincts sont ultra-développés. Créativité. Dons de médiumnité. Sens de l'amitié, de la justice, de la communication, de la négociation.
Mission personnelle et collective, une fois la souffrance comprise et réparée	Retrouver son pouvoir est sa principale mission. Mission collective : diffuser, partager sa façon d'être, angélique et douce.	Apaiser sa colère est sa première mission. Mission collective : enfant indigo. Le guérisseur des guérisseurs. Sa mission est de partager son savoir et sa sagesse.	Reconnaître sa grandeur dans cette incarnation est sa mission intime. Mission collective : défenseur des plus démunis, il sait comment redonner force et courage.	Apprendre à écouter son cœur est sa principale mission. Mission collective : magicien de l'âme. Il fait justice et sait comment raviver en chacun l'allégresse de l'enfance.	Connecter à sa conscience supérieure est sa première mission. Mission collective : grand défenseur du droit humain. Il guérit son prochain grâce à sa joie communicative.	Valoriser sa place sur Terre est sa principale mission. Mission collective : guérisseur de la Terre-mère. Sait parfaitement défendre Gaïa, sa terre d'accueil.	Comprendre la souffrance de l'autre est sa première mission. Mission collective : guérisseur des grandes causes de souffrance dans le monde, il sait comment protéger, et ressusciter son prochain.

Chapitre 3

Ce qui entrave notre pouvoir d'autoguérison

- Explorer le 7e sens implique de faire preuve de curiosité mais… on reste dans nos schémas.
- S'élancer vers le 7e sens implique de la souplesse mais… on est tendus.
- Accéder au 7e sens implique de se sentir libre mais… on maintient des relations toxiques.
- Approcher le 7e sens implique une certaine légèreté mais… notre corps est plein de toxines.
- Atteindre le 7e sens implique de faire un saut dans l'inconnu mais… on aime sa zone de confort.
- S'immerger dans le 7e sens implique d'y croire mais… on n'y croit pas.
- Comprendre le 7e sens implique d'avoir l'esprit clair mais… on est plein de pensées parasites.
- S'installer dans le 7e sens implique d'avoir de la patience mais… on veut réussir tout de suite.

C'est dans les plans subtils de la conscience que se révèle notre pouvoir guérisseur.

La capacité à communiquer avec la force de guérison est un don inné accessible à tous. Tout le monde peut y arriver. Une technique de méditation-visualisation créatrice permet de passer en ondes cérébrales Thêta, de se connecter à cette Énergie et d'instaurer la communication. Plus on pratique, plus c'est facile. Un jour, on réalise qu'on dialogue davantage avec l'Énergie qu'avec son mental. Certains connaissent des guérisons instantanées. Pour d'autres, le chemin de la guérison demande plus de temps et quelques ajustements : l'acceptation de sa capacité créatrice, la rectification de certaines habitudes, le traitement des peurs et blocages.

Pourquoi n'y arrive-t-on pas ?

1. La peur du changement

Il arrive que, dans le but d'évoluer, notre âme nous pousse à vivre des situations qui n'entrent pas dans nos plans. Ce que l'on croit être un contretemps ou une injustice peut parfois s'avérer être l'une des clés de notre accomplissement, mais ne voyant pas l'image globale de notre vie, on s'inquiète, on s'agace, on se crispe. Lorsque le scénario dévie de la feuille de route que l'on avait écrite et brouille notre vision du futur, nos sens s'agitent. Le stress provoqué par le manque de repères déclenche une montée d'adrénaline. Nos schémas de protection s'activent. Selon leur nature et notre caractère, ils pourront sauver la situation et nous rendre glorieux (confiance en soi), tout détruire et nous mettre à terre (négation de soi) ou, plus communément, absorber notre force vitale et nous épuiser.

Quand nos peurs prennent le dessus, connecter aux énergies est une montagne à gravir.

Imaginez : Manon est licenciée de façon injuste et soudaine. Pourquoi cela lui arrive-t-il ? Quelle émotion s'apprête-t-elle à intégrer, à expérimenter ? Quel message l'Univers réserve-t-il à Manon ? Le scénario qu'elle envisageait a brutalement changé à son désavantage, elle est physiquement et émotionnellement bousculée, blessée. En état de survie, elle active le pilote automatique et cherche à se raccrocher à une sensation familière, à retrouver un terrain connu. Un pied dans le présent, l'autre dans le passé de ce qu'elle connaît déjà, elle risque d'associer ses douleurs enfouies à celles du moment présent, se mettant ainsi dans les parfaites conditions pour raviver une croyance limitante et revivre un schéma. La blessure n'est pas la même, mais elle rejoue le même rôle car il est son bouclier de survie.

Si sa signature énergétique est Maestro, elle pourrait bloquer ses émotions, se renfermer et en souffrir. Réparer ses blessures l'aidera à s'épanouir autrement.

Si sa signature est Discrète, elle pourrait entreprendre de reconquérir son poste coûte que coûte, y consacrer toutes ses forces et se tromper de combat. Dépasser sa souffrance la rapprochera de l'essentiel.

Exercice

Identifier une croyance limitante. 5 minutes.
Commencez par cinq minutes d'étirements longs et profonds.
Puis asseyez-vous sur une chaise et fermez les yeux. Faites deux ou trois respirations, abaissez vos épaules, détendez vos mâchoires.
1. Par la visualisation, prenez de la hauteur, regardez votre conscience s'élargir et quitter votre corps, puis s'élever au-dessus de la planète. Regardez la Terre devenir aussi petite qu'un petit pois, puis revenez dans votre corps.
2. Imaginez une caméra posée entre vos deux yeux et regardez le film de la situation que vous traversez depuis l'angle de cette caméra.
3. Identifiez les réactions et les scènes qui vous sont familières.
Restez stable émotionnellement et recherchez dans votre mémoire d'autres scènes similaires. Fouillez votre passé, cherchez les premières fois, les premières situations de crise survenues dans votre vie. Restez relax. Votre conscience supérieure connaît par cœur les causes cachées derrière vos peurs.
4. Apaisez ces scènes en leur envoyant une intention de réconciliation. Si vous identifiez un mantra/une croyance qui n'est pas approprié à la situation, comme « personne ne m'aime », « je suis nul », « c'est de ma faute », « je n'ai pas de place dans ce monde »… demandez-vous pourquoi vous pensez cela. Qui

vous l'a dit ? Quand ? Dialoguez avec vous-même, une minute, puis demandez à cette phrase/énergie négative et bloquante de s'en aller. Remplacez-la par un mot gentil envers vous-même « j'aime qui je suis », « je suis en sécurité », « je suis au bon endroit », « l'expérience que je traverse m'aide à évoluer ».

5. Respirez, tournez légèrement la caméra, changez d'angle de vue.
6. Ouvrez les yeux.

Prenez conscience du moment présent.

Pendant la méditation, nos programmes limitants surgissent comme des flashs, des éclairs de conscience. Si l'on est assez rapide, on peut en une fraction de seconde les retourner à l'envoyeur (l'inconscient), et tout oublier. Mais une fois identifiés et sortis de leur « cachette », ils existent par eux-mêmes et l'on doit faire avec. Par le passé, ils nous ont donné force et courage. Au fil des ans, ils sont devenus nos armes « blanches » et nos amis. Mais il est temps de grandir. De les transformer et de passer à autre chose. Ne vous découragez pas devant la charge de travail à faire sur plusieurs plans, allez-y à votre rythme. Chaque croyance, programme ou schéma libéré est une victoire qui augmente votre fréquence, mais aussi celle de votre entourage et de l'inconscient collectif.

2. *L'incohérence cardiaque*

Vivre au XXIe siècle pose un double défi : trouver le silence dans l'ici et maintenant et vivre pleinement dans le monde tourbillonnant tel qu'il est. Nous vivons deux réalités délicates à marier :
– notre monde intérieur, spirituel, son exigence, sa lenteur, car pour nous connaître et évoluer, pour modifier nos habitudes en profondeur, nous avons besoin de nous accorder de l'attention et du temps ;
– et le monde extérieur, celui de la technologie, qui vibre à vive allure, ne dort jamais et change extrêmement vite. Trop vite. Beaucoup plus vite que nous.

Un grain de sable dans la machine et les forces s'inversent : notre monde intérieur vibre soudain à vive allure, le monde extérieur devient lent et provoque en nous un sentiment fébrile de vide et d'insécurité. Pour se protéger, notre inconscient construit un maillage de perceptions familières, réconfortantes, nous renvoyant à notre bulle, dans la répétition de schémas ordinaires. Mais loin de nous apaiser, ces schémas donnent bientôt naissance à des angoisses nocturnes et des insomnies : comment sera demain ? mon couple ? mon argent ? ma santé ? Quels sont mes vrais désirs ? Est-il déjà trop tard ? Et pendant que ces questions aspirent notre énergie, le rythme cérébral de notre cerveau passe en ondes Bêta+. L'activité des systèmes nerveux sympathique et parasympathique, qui contrôlent les réactions de notre organisme face au stress, se désorganise. Le flux d'énergie se concentre dans le cerveau, le ventre ou les genoux, ce qui affaiblit notre système immunitaire et accélère le vieillissement. Nous voilà alors épuisés, trop fatigués pour apprendre, méditer, s'interroger sur le sens de notre vie.

Antidote : les changements de notre société sont si rapides que nous devons développer de nouvelles habitudes nécessaires à son adaptation. Redistribuer l'énergie dans le corps aide à neutraliser l'anxiété. Quand on respire paisiblement, notre cerveau se synchronise, redevient calme et cohérent, on retrouve une vision claire du monde qui nous entoure.

3. Les relations toxiques

Tout est échange d'énergie. Si la bonne entente et le don de soi élèvent nos vibrations, le conflit absorbe notre énergie vitale. Les relations les plus énergétiquement épuisantes sont celles que nous entretenons avec notre famille et nos « meilleurs amis ». Sources d'élévation quand tout va bien, les liens avec notre famille et nos proches sont parfois à notre insu chargés de sentiments de culpabilité ou de frustrations mal gérées. Ajoutons à cela les idées reçues validées comme « vraies », les « leçons de vie » que chacun donne à l'autre par amour et « pour aider » et que nous acceptons par amour et « pour faire plaisir », ou pour éviter le conflit. Quand vous vous sentez coincé, pensez à examiner la qualité de vos relations et de vos sentiments profonds.

Concernant le conjoint, l'acte sexuel réunit et fusionne les deux auras : ce qui est merveilleux quand le couple va bien devient problématique quand il se sépare. Généralement, l'un des deux amants quitte l'autre, mais celui qui reste maintient le lien et sans même le savoir déséquilibre le flux d'énergie qui l'entoure, risquant d'entraîner des baisses de pression, de la dépression, du mal-être, parfois un dysfonctionnement plus sévère. Lors d'une séparation, « couper les liens énergétiques » des deux côtés donne la liberté aux deux personnes de vivre d'autres expériences sans culpabilité ni sentiment d'échec ou perte d'énergie.

Estime de soi : lorsque vos proches vous traitent avec estime, c'est le signe que vous vous reconnaissez vous-même. Quand on ne reconnaît pas sa valeur, on veut la défendre, on la revendique, on demande du respect. Mais les efforts pour recevoir l'estime de l'autre sont immanquablement voués à l'échec. C'est tout simple, les gens ressentent les vibrations de votre besoin, ils les considèrent immédiatement comme trop lourdes et se détournent de vous ou abusent de vos faiblesses…

Quand vous n'avez plus besoin de reconnaissance, quand vous acceptez votre valeur, tout simplement, sans chercher à la mesurer ni à la comparer, ceux qui vous entourent ressentent que vous n'avez plus soif de leur validation et cela les rassure. Ils perçoivent en échange la vibration d'un état de conscience plus élevé, d'une assurance qu'ils aimeraient bien acquérir, et donc tout naturellement, ils viennent à vous et vous donnent ce à quoi vous aviez renoncé.

Ressource naturelle : si vous ressentez un manque de force vitale, ajustez votre fréquence à celle de la Terre. L'énergie vibratoire de la Terre, dite « résonance de Schumann », 7,83 Hz, rétablit l'harmonie de notre incarnation. Nous relier à sa fréquence, par le son et la respiration, augmente nos capacités intuitives. Vous pouvez choisir d'écouter une bande-son en 7,83 Hz, vous en trouverez sur Internet, ou faire des mouvements lents et naturels comme marcher, chanter, cuisiner, jardiner… Le but est de se détendre, de ressentir la Terre, sa force, sa place dans l'Univers.

C'est dans cet état d'ouverture que l'on accède aux idées nouvelles, au guérisseur en nous. On réalise alors qu'un certain nombre de ce que l'on perçoit comme des « problèmes » sont en fait des constructions mentales faites de peurs et de désirs inassouvis. Lorsque l'on ne cherche plus à régler le « problème », on libère de l'espace dans notre esprit et nos soucis prennent une nouvelle dimension. Il peut même arriver que le faux problème sorte tout naturellement de nos pensées. C'est aussi dans cet état d'ouverture que l'on peut demander une guérison ou la possibilité de vivre une nouvelle expérience.

4. *L'excès de toxines*

Certains aspects de notre vie moderne absorbent notre énergie vitale et nous maintiennent dans des vibrations de basse fréquence : l'excès d'inquiétude, la volonté de contrôle, l'excès de bruits, d'informations anxiogènes, d'alcool et de nourriture transformée qui génère des toxines. Notre force de guérison est alors mobilisée pour rétablir l'équilibre de notre sommeil défaillant, de notre transit perturbé, de notre activité musculaire et cérébrale. Quand nous sommes écrasés par le poids de la fatigue, communiquer avec l'énergie et activer le 7e sens peut sembler futile, inutile, ou trop difficile.

Il arrive parfois que le corps refuse d'évoluer, qu'il résiste non seulement à la méditation mais aussi à la guérison. Le corps est matière, il exige son confort ! Selon l'éducation reçue, certaines personnes ne sont pas habituées à ressentir la joie que procurent l'effort, la transformation. Leur corps préfère un confort physique pas idéal mais dont il peine à se séparer. Plus elles avancent en âge moins il leur semble urgent de se débarrasser du trop-plein de toxines. Elles deviennent « fixes ». La loi de la gravité leur convient parfaitement.

Comment vous connecter au 7e sens quand votre seule envie est de rester en terrain connu ? Votre voix intérieure vous dit : « Je suis de nature positive et j'avoue adorer mon confort ! Je voudrais que ma vie change, que mon environnement change, mais sans avoir à faire le tri de ce qui est à garder, à améliorer ou à corriger en moi. Je voudrais accomplir ma vie, mais continuer à voir les mêmes personnes toxiques, à reproduire les mêmes schémas et rester dans mes habitudes. » Mais cela est impossible.

Ordonnance : à vous de prendre le relais en modifiant vos habitudes. Seul le mouvement du corps peut vous sortir de cet état. Donnez la priorité au trio « détox, mouvement, conscience de soi », au taï-chi, yoga, capoeira, ou toute autre activité sportive alternant mouvements lents et respiration douce. Prenez des douches fraîches. Améliorez votre alimentation.

5. Rester dans sa zone de confort

Quoi de plus limitant que notre zone de confort ? Véritable cocon, elle nous tire fatalement vers le bas et nous plonge dans une douce léthargie…

Par exemple, votre âme désire accomplir un projet, votre esprit redoute l'échec ou craint l'effort à accomplir, votre cœur balance entre le désir de vivre l'expérience et celui de ne rien changer. Et qui gagnera le premier prix de cette lutte inconsciente ? La peur. Et pourquoi ? Parce que sa vibration basse et puissante absorbe votre énergie et vous tire vers le bas. Quand vous craignez le succès et les responsabilités qu'il entraîne, vous donnez vos forces à l'échec. Au fond de vous une petite voix s'élève, qui chuchote à votre système nerveux : ne serait-il pas plus simple de ne rien faire ? Et puisque vos désirs et vos actes s'accordent, tout s'aligne et s'équilibre selon la loi du moindre effort.

Le succès et l'échec sont les deux pôles d'une même vibration et pour l'âme, seule l'expérience compte.

Exemple : Matthieu crée une entreprise au concept visionnaire mais tremble à l'idée d'échouer. Ses parents lui ont formellement déconseillé d'être un leader, un moteur. « Les moteurs, ça finit toujours par casser ! Mieux vaut être l'huile dans le rouage ! » n'avait de cesse de rabâcher son père, furieux de ne jamais avoir osé. Anxieux et sur la défensive, fidèle à l'obsession paternelle, Matthieu construit toutes sortes de scénarios d'échec, complique sa relation aux autres, déforme la réalité des évènements. La vérité est qu'il n'a pas de vue d'ensemble de sa situation. Ne réussissant ni à gérer la zone d'incertitude inhérente à toute aventure nouvelle ni à dépasser ses angoisses, il finit par amoindrir son potentiel.

Si son profil est Manager, il répondra à ce conflit interne par une attitude superficielle et détachée. Dans sa pire version, il préférera les drogues à la confrontation. Sa souffrance réparée, il laissera la voix de son père où elle est – dans le passé, il accueillera sa « zone d'inconfort » et construira à son rythme.

6. S'accrocher aux idées reçues

La principale raison pour laquelle on ne connecte pas au 7e sens est que l'on n'y croit pas. Nous sommes pour la plupart nourris depuis l'enfance d'idées toutes faites sur ce qui est vrai ou faux, sur nous-même et le monde, et nous avons du mal à nous ouvrir aux nouvelles expériences. Le poids de l'inconscient collectif étouffe notre intuition, bride notre imagination. Alors, depuis un coin reculé de l'inconscient, dans une chambre gardée secrète, on peut entendre quelques reproches, discerner la voix de certains ancêtres récalcitrants. « Devenir son propre guérisseur ? Mais de quoi parle-t-on ? D'un courant New Age ? D'une pulsion suicidaire ? » La question soulève des milliers d'années de polémiques et en nous, la peur d'être moqué, traité de sorcier ou de gourou, de finir sur un bûcher, de passer pour un imbécile, un ignorant, un faible.

Imaginez : votre grand-mère adorée est ultra-cartésienne. Elle a ses raisons, sa mère était comme elle, et sa grand-mère aussi. D'ailleurs, elle a bien une histoire de famille à conter, une vieille tante qui interrogeait les astres, restée seule et qui a fini par mourir folle ! « Tout ça ce sont des foutaises », « Ne crois que ce que tu vois ! » vous a-t-elle prévenue pendant toute votre enfance. Alors, bien sûr, quand vous ressentez les énergies, quand votre état de conscience évolue et que vos vibrations s'élèvent, vous repensez à cette lignée d'ancêtres bien-aimés et vous laissez leurs voix recouvrir votre cœur…

Antidote : dans le domaine de la spiritualité, le libre arbitre est la clé majeure. Chacun est libre de ressentir ce qui est vrai pour lui et d'avancer à son rythme. N'écoutez que la voix de votre cœur.

7. Les pensées parasites

La connexion demande d'avoir un esprit centré, clair et neutre. Un niveau difficile à atteindre quand le mental est chargé de bouts de phrases, de mots, de fragments d'analyses dans lesquelles se mélangent les projections d'ambitions dépassées, ou encore lointaines. En commençant à méditer chaque jour, vous entendrez bientôt de façon plus précise les mots qui constituent le cœur de vos pensées. Vous réaliserez que vous disposez d'un certain type de vocabulaire, d'un lexique tournant en boucle, à l'image d'un disque rayé. Certaines phrases reviennent à votre esprit plusieurs fois par jour, au détour des moments les plus familiers : au réveil, au travail, sur la route, sous la douche. Elles sont si présentes et parlent si fort que vous ne les entendez plus. Ces mots et ces images sont à la fois les fruits du ressenti de vos expériences passées et le germe des émotions que vous vivrez bientôt. Faites votre tri. Et surtout votre choix. Gardez en mémoire que les images que vous projetez, si elles sont répétées suffisamment souvent, créeront un jour votre réalité.

Exercice 1

À quoi pensez-vous ? 45 secondes.

Chaque soir, avant de dormir, écrivez spontanément une pensée dans un petit cahier. Ne la relisez pas, et n'y repensez pas.

Au réveil, écrivez spontanément votre première pensée sur le même cahier. Ne la relisez pas, et n'y repensez pas. Dix jours plus tard, lisez votre cahier et faites le point.

Exercice 2

Que vous souhaitez-vous ? 10 minutes.

Accordez-vous 10 minutes pour écrire 10 phrases positives vous concernant.

Relisez-les le soir au coucher, le matin au réveil.

Quand on sait que chaque pensée s'enregistre dans l'Univers et qu'elle reviendra en boomerang, on commence à penser autrement.

Les pensées constructives sont à cultiver. Voici quelques exemples : « Je suis doué. » ; « Je sais accepter la vérité de l'autre sans me diminuer. » ; « Tout est possible, tout est pour le mieux. » ; « Je sais comment être le créateur de ma vie en toute sécurité. » ; « Je ne vois pas toute l'image, donc à quoi bon juger ? » ; « Je comprends que mes réactions présentes définissent mon équilibre futur. » ; « Je sais quand et comment écouter la voix de mon cœur. » ; « Je sais comment rester en équilibre en toutes situations. » ; « Je sais comment laisser le passé derrière moi sans pour autant le rejeter. » ; « Je sais comment me protéger sans culpabiliser. » ; « Je connais le ressenti de l'amour. » ; « Je sais quand et comment dire non avec bienveillance. »…

8. L'impatience

J'ai constaté au fil de mes séances que les tempéraments impatients sont les plus lents à guérir. Ces personnes traquent le changement instantané puis, ne laissant pas le temps à la nouvelle vibration de s'installer, font prématurément un constat d'échec. Elles veulent mincir tout de suite, se marier rapidement, se sentir heureuses et confiantes trop vite. Mais s'il est possible de libérer une croyance limitante en quelques minutes, libérer l'ensemble de transmissions génétiques et de schémas mis en place pendant plus de vingt, quarante ou soixante-dix ans en une heure est un exercice que le corps ne supporterait pas. Les schémas et croyances sont des béquilles, des cadres de référence. Les retirer d'un coup peut causer des troubles, une forte anxiété, une migraine, un mal de ventre ou une peur soudaine incitant à vite retourner en terrain connu et à doublement blinder les portes dans l'inconscient.

Imaginez : Robert déteste l'idée d'attendre ! Il n'a pas le temps ! Son père était comme lui, et sa mère, constamment anxieuse du temps qui passe si vite. Devenu adulte, il confond « moment présent », et « tout de suite sinon rien ». Il vient en séance pour régler son problème d'impatience. Avec résultat immédiat ! Plus il met la pression et moins il y arrive. Plus il est impatient, plus il analyse et plus le changement prend de temps. Il ronge son frein en permanence. La barre est haut placée. La séance terminée, il reste angoissé devant ce qu'il n'a pas pu régler.

Antidote : respirez. Le changement est un processus. Transformer ses schémas en profondeur implique d'y aller pas à pas, sans effrayer l'enfant en soi. L'enfant a très bien installé ses barrières et son système de survie pour éviter de souffrir. En Énergie Thêta, vouloir tout changer en une séance expose à retourner à la case départ : l'inconscient ne veut pas !

La méthode douce ? Libérer une croyance limitante, puis s'entraîner à être patient pour deux heures. La zone de confort apaisée, on pourra s'ouvrir davantage, accepter d'être patient une journée, installer cette nouvelle sensation avant de libérer d'autres croyances bloquantes. Tranquille, l'air de rien, comme si c'était un jeu. Feindre l'insouciance. Quand l'âme, le corps, l'esprit et surtout l'inconscient sont en vibration avec la nouvelle zone de confort, on peut l'étendre encore un peu. Prendre son temps, sans perdre de vue son objectif. Accepter d'être patient deux jours, sans faire d'effort, puis trois jours, jusqu'à tout naturellement intégrer la notion de patience.

La réalité de l'espace-temps : notre état d'esprit et le temps jouent un rôle fondamental dans la réalisation de nos projets et de nos rêves. Nous semons notre désir… nous récoltons ses fruits. Mais rien ne pousse en un jour. Il y a un temps entre l'idée et la réalisation de l'idée, entre la réalisation de l'idée et son succès. Pendant ce temps on bouge, on vit, on arrose le germe du désir que l'on a planté de gestes, de regards, de pensées, de promesses et de mots que l'on récoltera. Chaque action, chaque mot, chaque regard et pensée a sa fréquence, sa tonalité, son pouvoir vibratoire. Et nous attirons en résonance des ondes similaires à celles que nous projetons.

Exercice

Se connaître mieux. 20 minutes.
Quand vous le pouvez, accordez-vous le temps de regarder intérieurement chaque mouvement de votre vie dans ses moindres détails.

Comment s'installent les fausses croyances ?

C'est en ondes cérébrales Alpha et Thêta (4 à 13 Hz), que se produit la loi de l'attraction et que l'on peut dépasser la conscience dite « ordinaire ». Et c'est en onde cérébrale Thêta que nous passons le plus clair de notre temps depuis la conception jusqu'à l'âge de sept ans environ. C'est dans cette fréquence que se construisent nos fondements, notre personnalité. C'est également en onde

Thêta que le cerveau est le plus réceptif, et c'est aussi l'état dans lequel il analyse le moins.

À chaque expérience vécue correspond une vibration. Tout commence dans le ventre de maman, où l'embryon absorbe les énergies à l'œuvre au moment de la conception. Il ressent aussi les éventuelles traces de fausses couches ou d'avortements non cicatrisés dans les corps subtils. Enfin, il réceptionne l'état d'amour, ou de non-amour, de la maman pendant sa grossesse.

À la naissance, vivant dans un monde parallèle ouvert aux vibrations qui l'entourent, l'esprit pur du bébé et de l'enfant note chaque information dans son journal émotionnel. Les milliards de neurones de son cerveau enregistrent les vibrations de son environnement, s'imprègnent des « confidences » que lui transmettent ses parents à travers leurs mots, leurs gestes, leurs pensées. Les émotions de ses parents sont sa carte du monde. Cette somme d'informations construit un certain nombre de croyances vraies ou fausses, bénéfiques ou destructrices, et forme le mental qui sera le sien une fois adulte.

S'il subit ou assiste à des relations toxiques entre adultes, il enregistrera et classera dans son subconscient les caractéristiques de ce type de relations, avec de fortes chances de les reproduire plus tard. Il créera en parallèle des mécanismes de défense. Un enfant né de parents équilibrés et aimants peut également développer un sentiment d'infériorité. Car quelles que soient les circonstances de sa naissance, l'enfant fabrique des schémas de survie pour être aimé, être le premier, le préféré, et cherche à s'assurer de sa place dans ce monde. Quelles que soient les conditions de notre petite enfance, nous créons à notre insu un réseau de signatures émotionnelles plus ou moins heureuses.

C'est aussi pendant les sept premières années de la vie, donc en ondes cérébrales Thêta, que l'on construit son identité, l'image de soi. Qui suis-je ? Et devinez quoi… Eh bien oui c'est à nos parents et à notre entourage que l'on remet le soin de nous dire qui nous sommes. Nous nous voyons, nous nous rencontrons à travers leurs filtres, soumis aux lois de leurs forces et faiblesses, leurs désirs et leurs projections. Parfois pour le meilleur. D'autres fois pour le pire.

Parfois encore, le bébé interprète « mal » ou ne serait-ce pas plutôt le parent qui s'exprime mal, partant du principe qu'il donne sans le savoir une information « filtrée par son mental » à un bébé qui pense avec le cœur, encore trop jeune pour analyser mais suffisamment fin pour enregistrer les vibrations les plus subtiles ? L'échange n'est pas équilibré, il y a malentendu. Le parent éduque son enfant avec amour et bienveillance mais l'enfant reçoit la partie inconsciente du message, sa face émotionnelle, et c'est ce qu'il enregistre.

Situation : chaque fois qu'elle dit « non » à son bébé, une mère aimante se souvient de l'indifférence de son propre père à son égard. Cette blessure intime non réglée s'accompagne d'une émotion de rejet pour ce qu'elle a subi. Pour s'en protéger, elle recouvre ce souvenir furtif d'une onde d'indifférence et refoule l'expérience. Un millième de seconde et tout est réglé. Elle ne s'est rendu compte de rien. Mais le bébé enregistre les informations sous forme d'ondes. Il interprète : non = indifférence, et enregistre cette « vérité ».

Un jour, on s'aperçoit que les confusions et les maladresses commises ou subies sont souvent la conséquence d'expériences de vies lointaines et révolues.

Chapitre 4

Accéder à l'information, visualiser l'énergie à l'œuvre, savoir opérer des changements dans sa vie

Nous ne sommes pas des êtres physiques faisant une expérience spirituelle, mais des âmes spirituelles faisant l'expérience du monde physique.

Vivre avec le 7e sens est aussi naturel que de marcher. Et les consignes pour y parvenir sont les mêmes ; il s'agit de reproduire un mouvement jusqu'à ce qu'il devienne spontané. Lorsque l'on apprend à marcher, on tombe, on se relève, et on s'y remet ! Y arriver est une évidence, la question ne se pose pas. Au commencement, l'enfant a un désir profond et un but à atteindre : marcher vers un parent aimé ou attraper un objet convoité, et ses premiers pas leur sont dédiés. Avec le 7e sens, le désir est de communiquer avec l'Énergie Universelle, et le but de l'exercice est de créer la connexion de façon fluide et naturelle.

Vibrer en ondes Thêta

« Fermez les yeux », « Concentrez-vous sur votre cœur » et « Prenez une respiration profonde » sont probablement les trois phrases les plus prononcées de l'histoire de la méditation. Enseignés dans les classes de thérapies brèves et holistiques, les processus de méditation pour passer en ondes cérébrales Thêta et activer le 7e sens sont sensiblement les mêmes, quelle que soit la discipline choisie.

L'intention ? Libérer le mental, créer un espace de neutralité en soi, consolider l'ancrage à la Terre.

L'objectif ? Élever le niveau vibratoire et assurer le dialogue avec l'énergie de guérison. Enfin, apprendre à lâcher prise pour laisser l'Énergie agir par elle-même.

Si chaque thérapeute a son style, le rituel est ancestral. Plus une technique est ancienne, plus elle est inscrite dans l'inconscient collectif et il en est ainsi du 7e sens. Notre subconscient connaît le chemin, et chacun sait intrinsèquement comment y parvenir, mais la formule est oubliée. La pratique ravive le souvenir et réveille le conscient collectif.

Fermez les yeux = Faire silence, regarder

Fermer ses yeux extérieurs permet d'ouvrir ses yeux intérieurs. Les yeux fermés, le cerveau passe instantanément en ondes Alpha, ce qui permet d'installer une onde de paix. Et surtout, on visualise mieux.

Concentrez-vous sur votre cœur = Ressentir, aimer

Se concentrer sur son cœur permet de lâcher le mental. Depuis le cœur, on sait si l'on est habité par l'amour ou par la partie négative de l'ego. On s'éloigne du désir de contrôle. Et surtout, on ressent mieux.

Prenez une respiration profonde = Visualiser, écouter

Prendre une respiration profonde permet de lâcher les tensions. Sans tensions, les images et les sons nous parviennent librement, leurs messages sont nets et précis. Et surtout, on entend mieux.

Au-delà d'une méditation, communiquer avec la force de guérison est une manière d'être au monde.

Ne prenez ni drogue ni alcool avant de commencer une méditation ou un soin, car cela risque d'altérer la qualité de votre perception.

Assurez-vous d'être dans un endroit calme et stable pour maintenir la connexion. Gardez votre intention juste et bienveillante.

Restez neutre tout le temps de la séance. Laissez de côté vos connaissances acquises. Respectez la loi du libre arbitre ; ne demandez pas pour les autres sans leur accord.

Enfin, comprenez que c'est votre conscience supérieure qui active votre guérison. Seule la conscience supérieure peut produire le miracle de la guérison.

Accéder au champ et élever son taux vibratoire

Étape 1. Entre Terre et Ciel – Se centrer

Assis, le dos droit dans l'axe vertical et les pieds au sol (allongé en cas de force majeure).

Les yeux fermés, centré sur votre cœur, prenez conscience de votre respiration souple.

À partir du chakra du cœur, où siègent vos émotions et votre vitalité, tracez-en vous-même, par la pensée, une ligne droite verticale, un rayonnement lumineux s'étirant simultanément vers le bas et le haut.

À travers cette ligne, par l'imagination, dirigez une partie de votre conscience au centre de la Terre, jusqu'à atteindre l'Énergie Pure.

Ressentez cette force vive remonter le long de votre corps, équilibrant au passage chacun de vos chakras, avant de ressortir par le chakra coronal et de s'étirer vers le haut.

Respirez.

Vous êtes centré, aligné entre la Terre (le monde de la matière) et l'Univers (le monde spirituel), dans l'état méditatif idéal pour rejoindre la Source de Tout Ce Qui Est.

Étape 2. Déployer l'énergie – Accéder au champ

À partir du chakra du cœur, laissez votre conscience se déployer, s'amplifier et continuer de s'étendre sans limite d'Espace ou de Temps. (Petite astuce pour aller plus vite : les yeux fermés, levez légèrement vos pupilles vers le haut comme si vous regardiez le ciel.)

Prononcez-en vous-même quelques mots de gratitude, respirez, lâchez votre mental et votre niveau vibratoire s'élèvera naturellement.

Vous êtes en ondes cérébrales Thêta.

Mission : se connecter à la Source

Continuez d'élever votre niveau vibratoire : élevez une partie de votre conscience dans l'atmosphère, en ligne droite et vers le haut jusqu'à atteindre un espace vide et serein, lumineux, accueillant, rassurant.

Si vous voyez des gens, votre grand-père, un superhéros, des objets ou des paysages, des anges ou des dieux, c'est le signe que vous n'y êtes pas. Vous reviendrez dans ces espaces intermédiaires plus tard si vous le souhaitez. Pour le moment, retenez que le champ d'information se situe au-delà de la forme manifestée, dans l'espace quantique où tout n'est que Vide et Potentiel, Ombre et Lumière.

On reconnaît la vibration du champ d'information à cette sensation d'être dissous dans le Tout. Le « lieu » est à la fois vide et plein, riche et subtil.

Le 7e sens, c'est la capacité à quitter la densité du monde « matériel », pour accéder au monde « spirituel ». Mais cela ne s'arrête pas là, car sinon, ce serait une simple méditation. Encore faut-il instaurer le dialogue…

Le 7e sens n'est ni une idée ni un concept mais un état de conscience. L'objectif est d'entrer dans le champ, de fusionner avec l'Énergie Universelle. Devenir l'Énergie. S'immerger entièrement. On ne plonge pas à moitié dans le grand bain. On s'y jette, on respire et on nage.

Être actif tout en lâchant prise est le niveau d'équilibre à atteindre. Vous vous apercevrez que maintenir le cerveau en ondes cérébrales Thêta n'est pas chose aisée au départ. Dès que le mental prend le dessus, le cerveau passe en ondes Bêta. Formuler les questions en vous-même et non pas à voix haute vous aidera à maintenir l'onde Thêta. Concentrez-vous sur votre respiration.

Si vous ne recevez pas de réponse, lâchez prise, vous y reviendrez plus tard. Certaines personnes en quête de résultat réclament des preuves et posent leurs conditions : « Si je le vois, je le croirai », « Si je croise tel ami aujourd'hui je saurai que l'Énergie existe », mais demander des preuves est une attitude mentale reliée à l'onde Bêta. Détendez-vous et souvenez-vous : l'Énergie ne vous doit rien. Éventuellement, regarder les images d'un kaléidoscope aidera votre cerveau à revenir en ondes Thêta.

Se familiariser avec l'énergie à l'œuvre

Mettre des mots sur un sens, un pouvoir invisible, c'est prendre le risque de l'appauvrir, de le schématiser. « Être canal » consiste à visualiser la guérison, non à l'inventer. Lorsque vous êtes en méditation et accédez au champ quantique, la communication énergétique s'installe : vous recevez des informations.

Par exemple, vous faites cette méditation pour retrouver confiance en vous. « Comment retrouver confiance en moi ? » est la question du moment. En méditation, installé dans l'onde cérébrale Thêta, vous demandez à savoir comment renouer avec vous-même. Puis vous lâchez prise et vous fermez les yeux. En réponse, vous revivez soudain un souvenir d'enfance : à l'école, à l'âge de six ans, votre « meilleure » copine vous rabaisse constamment en public, elle vous vole vos devoirs, en réaction de quoi vous êtes totalement soumis et vous pleurez. Vous n'avez jamais osé raconter cette humiliation à la maison. Simultanément, vous voyez la région du foie s'éclairer, devenir rouge et vous interpeller, c'est juste une énergie, soyez sans crainte.

Laissez le souvenir tel qu'il est, et « demandez » par la pensée à l'Énergie de réparer cette blessure émotionnelle. Par exemple, vous pourriez demander au Champ : « Merci d'apaiser mon foie qui exprime ma colère et a besoin de tendresse » puis « Que s'est-il passé chez moi pour que je craigne de raconter ce qui m'arrive à l'école ? ». Là, vous pourriez par exemple vous souvenir d'une grande sœur toute-puissante dont la voix recouvre la vôtre. Ou d'un petit frère souffrant qui a besoin des soins de vos parents. Ne voulant pas en rajouter, vous avez à cette époque ancré une croyance limitante : « Je dois rester fort car mon petit frère est malade… », « C'est normal qu'on ne prête pas attention à moi… je suis seul », « Je ne dois pas exprimer mes sentiments sinon ma maman sera triste… ou mon petit frère mourra », etc.

Ensuite, respirez, détachez-vous de vos souvenirs, puis visualisez l'énergie à l'œuvre. Laissez le champ travailler en lâchant prise sur toute volonté d'intervention et même de résultat. Pensez juste à maintenir la vibration par la respiration.

Soyez simplement à l'écoute des sensations, accueillez les images comme elles viennent, écoutez les réponses que vous recevez. Sans vous substituer à l'énergie, sans essayer de faire par vous-même. Si vous imposez vos images, vous recevrez à travers vos filtres et cela risque de réduire de 95 % vos chances de réussite. Alors qu'en vous connectant librement, vous pourriez voir des flashs de lumière opérer le changement ou retirer une croyance, vous pourriez ressentir une force nouvelle, enregistrer un nouveau programme : « Je me suis laissé faire par le passé, j'étais timide et très gentil, je craignais de déranger, ou de ne pas être aimé, mais je suis adulte à présent et je sais comment respecter mes besoins et être gentil sans me sacrifier. » Vous pourriez alors demander au Champ de vous enseigner la vertu « gentillesse » dans son aspect équilibré, afin de ne plus être en excès.

Comment ça marche ? Comme expliqué plus haut, c'est au niveau vibratoire de l'onde cérébrale Thêta, soit à la lisière de l'inconscient, que l'on cristallise ses peurs, que l'on refoule ses expériences traumatisantes, que l'on met en place son kit de survie dans l'enfance. Ainsi, c'est au même niveau vibratoire que l'on peut agir sur ses peurs, réparer ses blocages, modifier ses fausses croyances.

C'est aussi dans cette onde cérébrale que l'on peut ouvrir de nouveaux champs de conscience. Certains d'entre nous n'ont jamais ressenti l'amour, d'autres n'ont jamais ressenti ce que c'est qu'être beau ou avoir confiance en soi, être en parfaite santé, apprécié, serein, riche, écouté, joyeux, important, respecté… on peut alors nettoyer, ranimer, renforcer, optimiser le récepteur de ce sentiment, ou même le créer s'il n'existe pas. Ces « téléchargements » de sentiments s'inscrivent dans les profondeurs de l'être.

Au fil du temps, avec de la pratique, vous pourriez voir l'énergie modifier une onde, déplacer une vibration, ajuster un sentiment, libérer toute votre lignée d'une idée reçue, récupérer un fragment d'âme, dénouer les liens d'un contrat… Tout est possible.

J'ai vu par la visualisation des gens rétrécir jusqu'à devenir les germes d'eux-mêmes puis s'épanouir à nouveau et devenir immenses, dans une version plus lumineuse d'eux-mêmes… Ils se sont sentis mieux de suite et durablement. La Lumière m'a montré un champ de fleurs consoler un poumon, transfuser sa couleur, absorber l'excès de tristesse avant de s'évaporer. Tout est concevable, voir une vibration entrer dans l'image pour s'emparer d'un sentiment, le plonger dans l'eau pure et le remettre en place, assister à la naissance d'un rayon vert et le voir remplir chaque cellule du corps de lumière vive, assister à des opérations angéliques dans les corps subtils, réinitialiser un système nerveux, voir une phobie s'effacer, repérer la vibration d'une croyance ancienne et tant d'autres visions sublimes inimaginables par soi-même.

L'essentiel est de voir l'image comme elle vient, de la laisser se déployer, muter, se transformer. Elle est parfois furtive, d'autres fois imposante, simplissime, délicate, évidente. Si vous ne voyez rien, ou mal, ou flou, restez détendu, conservez votre âme d'enfant et retournez en ondes Thêta. Le champ est sans limites si vous gardez l'esprit ouvert et maintenez votre neutralité.

Regardez le film jusqu'au bout. À un moment les images se dissiperont, les messages s'arrêteront, la couleur ambiante changera et vous saurez que le soin est terminé. Remerciez le moment présent. En remerciant, vous acceptez la guérison et l'activez dans la matière. Enfin, sortez du champ que vous avez créé pour vous-même et « rincez-vous ». La douche énergétique consiste à baigner sa conscience dans une onde bienveillante, à la descendre au cœur de la Terre pour s'ancrer puis à remonter en douceur, revigoré. Soyez-en certain ; la guérison est accomplie.

C'était difficile ? La prochaine fois sera plus douce. C'est par la répétition que l'on acquiert les bons réflexes mais aussi que l'on s'améliore.

Savoir demander

Vous êtes votre propre canal, choisissez vos propres mots. En gardant votre pensée claire et cohérente, vous pouvez tout demander : comment mieux écouter les besoins de vos enfants, comment faire pour rester en bonne santé, pour ouvrir votre champ de conscience ou mieux ressentir les messages… Vous pouvez demander à modifier une habitude, que l'on vous enseigne ce que vous désirez savoir, que l'on vous guide vers les bonnes relations pour vous, ou encore à ajuster vos vertus, à les optimiser, à les reconnaître.

La façon de demander a son rôle à jouer. À la place de demander « pourquoi », privilégiez le « comment ». Tournez vos phrases au positif : « Comment trouver un bon travail ? », et non « Comment cesser d'être au chômage ? » ; « Comment réaliser ma promesse ? » et non « Pourquoi je n'arrive jamais à faire ce que je dis ? » ; « Comment perdre mes kilos en trop ? » et non « Pourquoi je ne mincis pas ? ».

De même, évitez de focaliser sur une « maladie » ou un trouble. Par exemple, considérer que la maladie est un dysfonctionnement est une excellente approche, demandez : « Comment équilibrer ma vitalité, ma santé ? » et non « Pourquoi je suis malade ? ». Souvenez-vous, votre connexion est une prière et l'Énergie, un puissant amplificateur.

L'autoguérison

Vous pouvez accomplir des guérisons sur vous-même. Toutefois, avant de chercher à rétablir votre équilibre, il est judicieux de vous interroger sur la signification de l'expérience que vous traversez.

Pourquoi suis-je confronté à cette épreuve, ce trouble ? Que me dit-il ? Dans quelle partie de mon corps s'exprime-t-il ? Est-il génétique ? Quand est-il apparu pour la première fois ? L'ai-je déjà « vu » quelque part ? Dans un récit, sur un ami, un membre de ma famille, un film ? Quel est son bénéfice ? Que vais-je perdre à être en bonne santé ? (le soutien de mes proches, une aide financière, je vais devoir retourner travailler…) Que m'apprend cette épreuve sur moi-même ? Pourrait-elle me montrer le chemin d'une nouvelle façon de vivre ? Comment dialoguer avec elle ? Quel impact aurait ma bonne santé physique, mentale, spirituelle ou financière sur mon entourage proche ?… Autant de questions que vous devez pouvoir vous poser sans tabou.

Chacun son style !

Tout en étant les héritiers de courants de pensées magistrales, d'inventions majeures, d'une conscience généreuse ayant construit et soutenu le Monde, nous subissons tous le poids de certaines transmissions génétiques difficiles et même les plus attentifs d'entre nous sont sous l'influence de programmes inconscients.

Différentes thérapies holistiques pratiquées en ondes cérébrales Alpha et Thêta nous aident à dépasser nos blocages, comme le reiki, le ThetaHealing®, la lecture des mémoires akashiques, le chamanisme, la fasciapulsologie, l'EMDR, l'hypnose et d'autres encore.

Ces techniques sont des supports, des aides précieuses sur notre chemin. Elles nous enseignent à percevoir notre propre essence. À mesure que nous nous libérons de nos schémas bloquants, notre conscience s'affine, notre connexion devient stable et limpide.

Pour Vianna Stibal, créatrice du ThetaHealing® en 1995, la méthode consiste à rejoindre « Le créateur de Tout Ce Qui Est ». Une fois la connexion installée, on demande à faire une « lecture » de notre propre champ énergétique, pour ainsi constater les zones d'ombre ou les blocages. On garde sa foi et sa neutralité. On passe ensuite une « commande » ferme à l'Univers, celle de voir des changements s'accomplir, puis l'on remercie par trois fois, avant d'assister en tant qu'observateur aux différents échanges d'Énergie.

Pour Richard Bartlett, chiropracteur fondateur de la Technique des deux points, il s'agit de se relier à la « Matrice Énergétique », ou « Champ Énergétique du Point Zéro », qu'il situe partout et en tout, et de faire marcher son imagination et sa visualisation pour remettre les énergies dans le bon ordre.

Enfin, pour Jennifer Longmore, fondatrice de l'école Soul Journeys[1] qui enseigne la lecture des mémoires Akashiques, se relier aux guides commence par une prière, ce sont eux qui ouvrent les portes du champ quantique et nous guident à travers les dédales de cette infinie bibliothèque, nous permettant ainsi d'observer les mémoires et de rapporter les informations.

À chacun sa façon et son rythme mais pour tous, l'intention, la neutralité et la gratitude font toute la différence. Comme nous l'explique la physique quantique, **l'observateur influence le résultat dans la**

1. Akashic Records Training School – Soul Journeys, école Jennifer Longmore.

matière. S'entraîner à maintenir sa neutralité pendant la séance évite d'influencer le processus et laisse l'Énergie Universelle agir par elle-même.

Chapitre 5

7 clés pour ressentir le 7e sens

La Lumière de celui qui est Infini n'a pas de forme,
Elle suit les contours de celui qui la reçoit,
Pour le meilleur et pour le pire.
C'est pourquoi,
C'est à nous de lui donner forme.
Il nous faut faire de notre mieux,
Pour que la Lumière infinie,
Épouse les contours de la grâce,
Et non ceux de la malédiction.
Rabbi Nahman de Breslev

Ressentir l'Énergie, nous le faisons naturellement. Cependant, une certaine façon de vivre et la pratique de quelques exercices ludiques sont des aides précieuses pour qui veut plus particulièrement capter l'Énergie de guérison. Comment y arrive-t-on ?

1. En étant libre.
2. En s'amusant.
3. En dormant.
4. En mangeant.
5. En buvant.
6. En visualisant.
7. En étant neutre.

Clé 1 : être libre de penser, de créer, de décider par soi-même

Dans la liberté de choix réside le succès de notre vie.

La première liberté est celle de se sentir aimé. Aimé par l'Univers et par la Terre, légitime en tant qu'âme incarnée.

La seconde liberté est celle de se sentir unique. Un visage unique, un corps unique, une façon unique de penser, d'aimer, de percevoir, de désirer, de s'exprimer, de vivre, de respecter et de changer le Monde.

De ces deux libertés découle l'aptitude à marcher hors des sentiers battus.

C'est très simple ; l'onde de guérison se trouve à quelques millimètres du sentier que l'on vous a montré. Juste à côté du terrain connu, familier. Un petit pas aventurier sur le côté et hop, vous y êtes ! Sans effort ni prise de tête.

Clé 2 : renouer avec son âme d'enfant

Si la force mentale est maîtresse de bien des disciplines, elle fait ici office de simple soldat. Pour accéder au 7e sens, la volonté ne suffit pas. Encore faut-il une foi inébranlable en cette Énergie qui guérit. La connaître sans la voir, l'aimer pour ce qu'elle est, la laisser libre d'apparaître ou de se cacher, ne pas chercher à tout savoir. On doit pouvoir s'y attacher sans vouloir se l'approprier. En effet, comment, par la seule ambition de notre volonté, pourrions-nous avoir accès à l'intelligence infinie ? Aucun manuel théorique ni cours pratique ne peut enseigner la foi. À chacun de la trouver en soi.

La pureté prend forme dans les mondes célestes, qui sont aussi ceux de l'enfance. C'est donc cette âme d'enfant qu'il s'agit de caresser pour libérer le 7e sens. Les moments de reconnexion avec l'enfant intérieur sont parmi les plus sublimes qui soient.

Exercice 1

L'enfant en soi. 10 minutes.
Renouer avec son être intime, c'est se retrouver là où l'on s'était perdu. Regardez longuement une photo de vous prise à l'âge de trois ans, de quatre ans… jusqu'à neuf ou dix ans. Examinez chaque détail, regardez-vous dans les yeux. Quel enfant étiez-vous ? Que ressentiez-vous ? Aviez-vous des rêves à accomplir dans cette vie ? Par la pensée, voyagez dans le temps. Souvenez-vous de gestes tendres et de moments d'enthousiasme de votre enfance. Vous n'en trouvez pas ? Ils n'existaient pas ? Imaginez-les, créez-les, enfantez-les… Restez confiant et rassuré.

Exercice 2

L'animal en soi. 10 minutes.

Avez-vous déjà joué à être un chat, un cheval, un aigle, un lion, une fourmi, un coq, une tortue… ? Dans cet exercice inspiré des exercices internes taoïstes du Dr Stephen T. Chang[1], l'idée est d'imiter l'apparence et la force physique de l'animal, puis de ressentir son énergie.

Imaginez… le lion.

Debout et immobile, prenez quelques inspirations-expirations.

Imaginez que vous êtes un lion, fléchissez les genoux, ramassez votre corps, relevez votre port de tête, posez les bras droits et souples sur le sol, gardez vos griffes rentrées, votre regard est doux et perçant.

Maintenez la pause le plus longtemps possible sans forcer. Respirez, ressentez, imaginez-vous au sommet de la jungle. Tout est calme, tranquille et votre esprit est en alerte. Vous êtes le roi de la jungle.

Adoptez la posture du lion, identifiez ses attitudes, ses réactions, intégrez ses qualités et ses atouts, enlacez son aura. Faites les mêmes bruits, les mêmes gestes que le lion. Détendez-vous dans la posture.

---

1. Dr Stephen T Chang avec Richard C. Miller, *Le Système complet d'auto-guérison*, Chariot d'Or, 2009.

L'important, c'est de garder la connexion avec l'animal choisi. Dès que votre esprit s'échappe, arrêtez-vous, puis reprenez quelques instants plus tard.
Pour plus de liberté, pratiquez cet entraînement en solo. N'étant pas embarrassé par le regard de l'autre, vous lâcherez prise sur le jugement.
Amusez-vous, mais sans perdre la connexion avec l'animal que vous avez choisi.
Vous ÊTES cet animal.

Clé 3 : s'endormir apaisé

Les minutes qui précèdent notre endormissement sont de la plus haute importance. Nous nous apprêtons à lâcher prise, à laisser une partie de notre conscience sillonner des horizons inconnus. Que se passe-t-il pendant la nuit ? Quel est l'objet de ce voyage ? Nous régénérer ? Préparer notre humeur pour le jour suivant ? Ou prendre l'air peut-être, loin des considérations matérielles qui nous animent pendant le jour ? Avant de nous endormir, pourquoi ne pas offrir à l'invisible quelques minutes de silence mental ? Pendant le sommeil, elles s'intensifieront et reviendront au petit matin nous réveiller en douceur.

Pendant la nuit, l'âme rejoint ses maîtres et poursuit son apprentissage. Je me souviens m'être réveillée plusieurs fois avec la même image et le même questionnement, il y a une trentaine d'années. Dans mon rêve, je montais une montagne et j'entrais à l'intérieur d'une grotte. À droite, dans la pénombre, étaient assis trois hommes qui me demandaient ce que j'avais accompli ces dernières 24 heures. Je restais sans réponse, n'ayant rien accompli de spécial à mes yeux. Ils m'indiquaient alors que je devais redescendre. Je redescendais la montagne un peu déçue, assez troublée… et je me réveillais dans cette même sensation. Peu à peu ce rêve se déclencha à l'état de veille, pendant certains moments de pause de la journée. En superposition d'images, je voyais soudain la grotte, je me voyais y entrer et m'expliquer, me justifier. Un peu plus tard, j'ai appris à faire ce voyage de ma propre volonté, par la méditation. J'ai commencé à questionner, à discuter. Un jour, la grotte était vide, les maîtres étaient partis. J'ai pleuré. Enfin j'ai compris que d'autres maîtres m'attendaient.

Soyons prêts à nous endormir dans une pièce calme et obscure, loin des tablettes et des néons. Cela laissera nos neurones travailler en paix. Nos neurones ressemblent à un réseau de câbles traversé d'influx nerveux (ou de neurotransmetteurs) qui circulent d'une cellule à l'autre. Quand l'influx arrive à l'extrémité d'un neurone, il déclenche vers lui l'émission d'un faisceau de molécules messagères, dont la composition varie en fonction de l'information à transmettre. Au crépuscule et dans l'obscurité, les récepteurs situés dans le nerf optique envoient un signal à la glande pinéale, située entre les deux hémisphères du cerveau.

Le corps commence à sécréter de la mélatonine, afin de ralentir le rythme de nos ondes cérébrales, qui passeront de l'onde Bêta à l'onde Alpha puis à l'onde Thêta. Pendant le sommeil profond, elles seront en ondes Delta ; le corps et le cerveau, apaisés, pourront alors se ressourcer. Aux premières lueurs du jour, le signal repasse dans la glande pinéale mais cette fois pour l'inciter à fabriquer de la sérotonine, invitant le corps à sortir du sommeil et à se réveiller. La sérotonine fait passer le cerveau des ondes cérébrales Delta (sommeil profond) à Thêta, Alpha puis Bêta (plein éveil).

Naturelle ou artificielle, la luminosité est le chef d'orchestre du cycle du sommeil. Sous les néons des écrans, l'organisme sécrète de la sérotonine et le cerveau passe en ondes cérébrales Bêta. Voilà pourquoi il est difficile de nous endormir quand nous regardons nos écrans tard le soir.

L'onde Bêta est celle du stress et en état de stress le corps a envie de sucre, d'où la petite fringale devant l'écran. Une fois rassasié de glucides, le corps s'apaise et stocke le tout sous forme de graisses. Pour ces raisons, essayons de nous endormir dans l'obscurité et le calme aussi souvent que notre vie nous le permet. Souvenons-nous au passage que la mélatonine, l'hormone du sommeil, synthétisée pendant la nuit, soulage la dépression et augmente la DHEA, hormone de la jeunesse. Une raison supplémentaire d'apprivoiser notre sommeil.

Exercice 1

Programmer son rêve. 20 minutes.
Laissez téléphones et tablettes hors de votre chambre. Prenez un bain, hydratez votre corps, votre peau, portez des vêtements souples et amples.
Avant de vous endormir, respirez, fermez les yeux. Déroulez le film de votre journée.
Si un mot, une attitude, un évènement vous a fait mal, abaissez le pouvoir que vous lui accordez et retournez chaque situation en votre faveur. Vous avez eu tort ? Excusez-vous, sincèrement, envoyez de l'amour et passez à autre chose. Décidez d'être heureux de ce qui vous arrive. **Décidez que ce que vous avez reçu est mieux que ce que vous vouliez.**
Vous êtes le centre de votre vie.
Revisionnez votre journée et projetez une suite heureuse.
Endormez-vous sur ces images et sur cette intention.

Exercice 2

Le cercle vertueux du silence. 5 minutes.
Fermez les yeux, détendez un à un chacun de vos membres, de vos organes, de vos muscles.
Inspirez un air pur, expirez un air pur.

Respirez profondément et chaque fois que l'air sort de vos poumons, vous sombrez un peu plus loin dans un espace de vide bienfaisant.
Ne prêtez aucune attention à votre pensée, contentez-vous de regarder les mots s'évaporer les uns à la suite des autres à mesure que vous expirez. Tandis que les mots s'évaporent devant vous, un nouvel Univers apparaît. Son immensité vous entraîne dans un doux tourbillon de calme et de silence.
Oubliez tout. Endormez-vous dans cet espace.

Clé 4 : se nourrir

« Qu'importe que nous ayons appris parfaitement toute autre discipline, si nous avalons du poison, nous mourrons certainement. »
Dr Stephen T. Chang

Entre la nature et l'homme, c'est une longue histoire d'amour. Nous avons appris à cultiver la terre pour nous nourrir, et les plantes bénéficient des soins qu'on leur apporte. En échange elles nous offrent l'oxygène, leur ombre et leur force sacrée. Dans certaines régions de la planète, ces échanges sont heureux, harmonieux et équilibrés. Malheureusement, une grande partie de notre terre est en danger à cause de l'avidité humaine qui détruit tout sur son passage. Non seulement la plupart des aliments sont vidés de leurs bienfaits nutritifs, en raison des traitements chimiques auxquels ils sont soumis, mais nous les mangeons en trop grande quantité et beaucoup trop rapidement, ce qui affaiblit notre métabolisme.

Celui qui veut accéder au champ d'information doit apprendre à alléger son corps du poids des toxines, des parasites, de l'acidité et des métaux lourds qu'il contient. Une cure détox à l'automne et au printemps soignera le corps et l'esprit. Nous découvrirons que les surcharges stockées dans l'organisme correspondent bien souvent à d'autres surcharges, coincées dans notre vie. En libérant les parasites de notre corps, nous voyons mieux les parasites dans notre vie. En éliminant l'excès de toxines, nous identifions mieux les raisons de notre attachement aux relations toxiques.

Pour le Maître Omraam Mikhaël Aïvanhov, la nutrition est un des processus de la plus haute magie blanche. Il convient non seulement de manger en silence, mais de respirer lentement et profondément. Avant de se nourrir, se recueillir dans la prière et remercier la Nature, puis mastiquer les aliments pour qu'ils disparaissent dans la bouche sans même que l'on ait à les avaler. Cela permet de libérer les éléments nutritifs, les vitamines, les minéraux et les autres bienfaits qu'ils contiennent. « *La bouche est la première à recevoir la nourriture, l'estomac ne vient qu'en second. C'est dans la bouche que se réalisent les processus les plus subtils car c'est elle qui absorbe les particules éthériques, tandis que les éléments les plus grossiers descendent ensuite dans l'estomac. D'ailleurs, avant même que la nourriture ne soit absorbée, digérée et distribuée dans les organes, l'homme se sent déjà renforcé. Cela prouve qu'avant que l'estomac reçoive la nourriture, la bouche a absorbé les éléments éthériques qui sont allés alimenter le système nerveux*[1]. »

Enfin, les pensées qui nous accompagnent pendant le repas, depuis sa préparation et jusqu'à sa digestion, influencent aussi notre métabolisme. Ce sont elles qui nourrissent notre corps astral, celui des émotions et des sentiments. Cela explique que l'on puisse soudainement perdre ou retrouver l'appétit, selon le niveau de conscience des mots que l'on prononce, des mots que l'on entend, et des idées qui nous accompagnent.

Oxygène-nourriture-ressentis sont la base triangulaire de notre énergie vitale.

Expérience : sa rencontre fortuite avec l'amie d'une amie a permis à Lola de guérir d'une blessure profonde de son enfance et d'arrêter son addiction au sucre raffiné du jour au lendemain. Auparavant, il lui fallait ses deux à trois paquets de gâteaux industriels hebdomadaires, le mélange gras-sucre faisant office de pansement émotionnel. Que s'était-il passé de si particulier ? Quelques mots échangés avaient révélé des traumatismes profonds causés par la maltraitance psychologique d'une même personne à leur égard, à des dizaines d'années

1. Omraam Mikhael Aïvanhov, *La Nouvelle Terre*, Prosveta, 4e édition, 2000.

d'écart. Cette discussion démontrait à Lola qu'elle n'était pas fautive, idiote ou ridicule, comme elle le croyait. Parce qu'elle était en état de choc, ou parce que c'était le moment, l'information était directement montée au cerveau, programmant sa nouvelle réalité. Elle a donc facilement cessé le sucre raffiné et puisqu'elle y était, réduit le gluten, le lactose, et apaisé ses pulsions alimentaires.

Quelques semaines plus tard, sa confiance en elle décuplée, elle décida d'attendre d'avoir faim. Véritablement faim. Cette sensation passagère lui permit de ressentir son corps, de renouer avec sa vivacité, d'alléger sa vibration. S'installant dans cette sensation, elle perçut sa propre présence, sa force, sa féminité. Personne ne pourrait plus l'écraser, l'annihiler et la détruire. Elle prenait conscience de son corps, elle renaissait de ses cendres.

La maltraitance psychologique – les moqueries, l'indifférence, le rejet, l'intimidation, la dévalorisation… – peut atteindre des sommets de raffinement et toucher l'enfant jusque dans ses fondements.

Exercice

Une nouvelle façon de se nourrir. 7 minutes.
Pour programmer votre cerveau, mettez-vous en ondes Thêta.

Une fois installé dans l'énergie Thêta, respirez à votre rythme, placez votre subconscient en sécurité. Affirmez *(vous pouvez vous enregistrer avant la méditation, ainsi vous entendrez votre voix et prononcerez les phrases mentalement)* :

– « Je suis en sécurité. »

– « Je connais la sensation d'être soutenu, secondé, supporté par mes guides. »

– « Je sais que mon cerveau a enregistré une certaine façon de me nourrir pour combler mes peurs, et je sais comment le reprogrammer en douceur, avec bienveillance et dans le but de m'assurer une bonne santé. »

– « Je sais que j'ai le droit de changer les habitudes qui ne me conviennent plus. »

– « Je sais comment faire la différence entre le ressenti de la peur et celui de la faim. »

– « Je sais comment faire la différence entre remplir un manque émotionnel et alimenter mon corps physique. »

– « Je sais comment combler l'insécurité émotionnelle sans m'alourdir, en toute sécurité. »

– « Je connais la sensation physique d'être rassasié. »

– « Je connais la sensation que procure le sentiment d'être fier de moi. »

– « Je sais comment respecter mon corps de la meilleure des manières. »

– « Je sais quand et comment nourrir mon corps et lui apporter l'équilibre énergétique dont il a besoin. »

– « Je sais comment lâcher prise sur le besoin d'être reconnu. »

– « Je connais la sensation de me sentir svelte et tonique. »
– « Je connais la sensation d'être bien dans ma peau. »
– « Je sais comment m'aimer sans culpabiliser. »
– « Je sais à quel moment et comment arrêter de manger pour garder mon corps en bonne santé. »
– « Je sais comment installer un changement durable en douceur. »
– « Mon métabolisme est équilibré. »

Les yeux fermés, demandez à l'Énergie de vous montrer dans votre corps les toxines, les parasites, les métaux lourds et autres graisses, acidités et sucres en surplus qu'il contient.

Certains sucres, graisses et toxines sont bons pour le corps. Gardez-les.

Demandez la libération des surcharges qui ne vous conviennent plus. Demandez que cela soit fait en douceur, à votre rythme et sans effets secondaires.

Vous êtes en ondes cérébrales Thêta, détendez-vous et laissez l'Énergie de guérison déprogrammer et reprogrammer votre cerveau.

N'essayez pas d'imaginer par vous-même. Devenez le témoin de l'Énergie qui agit. Regardez faire, sans jugement et sans forcer, en restant détaché du résultat.

Quand l'image s'efface, ouvrez les yeux.

Visualisation de guérison : ressentir son corps. 7 minutes.

Choisissez un jour ou vous êtes tranquille et avez le temps. Laissez venir la faim, résistez quelques minutes au désir de manger.
Au grand jour, sans bougies ni encens, asseyez-vous sur votre chaise puis entrez tout naturellement en ondes cérébrales Thêta. Respirez calmement. Fermez les yeux.
Posez-vous ces questions :
– votre sensation de faim vient-elle d'un manque émotionnel, d'une peur viscérale, ou d'un besoin physique ?
– est-elle dans votre corps ou dans votre mental, sur le bout de vos doigts, dans votre estomac, dans une autre incarnation ?
– est-elle frustration, victimisation, ennui, colère, peurs, désirs inassouvis ou autodestructeurs ?

Identifiez votre faim. Avez-vous faim de gâteau industriel, de fromage fondu, de vitamines, de minéraux, de protéines, de légèreté, d'amitié, d'un nouveau travail ?

Avez-vous envie de vous baigner ?

Imaginez-vous au bord d'une plage ou d'un lac. Vous êtes en sécurité.

Commencez à vous dévêtir puis, une fois nu, entrez dans l'eau. Baignez-vous. Plongez tout votre corps dans l'eau, y compris votre tête. L'eau est douce et agréable. Il fait bon.

Sortez de l'eau et séchez votre corps nu au soleil. Habillez-vous.

Ouvrez les yeux.

La sensation de faim vous connecte à vous-même. Lentement, préparez un repas sain et léger composé de fruits, de légumes et de céréales que vous aimez.

Enfin, déjeunez, remerciez l'Univers pour ce moment de grâce, cette nourriture saine et ce corps physique.

Clé 5 : boire et savourer le miracle de l'eau

L'eau réagit aux sons, aux mots et aux vibrations. J'ai eu la chance d'assister il y a une vingtaine d'années à une conférence du Dr Masaru Emoto, et les résultats de ses recherches sur le pouvoir guérisseur de l'eau ont changé ma vision de la vie. Les locaux de l'École de médecine à Paris étaient bondés, certains d'entre nous se tenaient debout dans le couloir, d'autres étaient assis sur les marches des escaliers, mais nous regardions tous avec curiosité les diapositives de cristaux d'eau gelée, photos prises au microscope dans un laboratoire « congélateur ». Le Dr Emoto les commentait et je crois que ce jour-là, sa joie communicative a élevé le niveau de conscience de plus d'un d'entre nous !

Il y a l'eau contenue dans notre corps physique (nous sommes constitués de 80 % d'eau), et l'eau des océans ou des sols. Les cristaux d'eau présentent différentes formes selon les lieux où l'eau est puisée, selon que le terrain est pur ou pollué, mais aussi en fonction des sons qui l'entourent et des sentiments qui lui sont adressés ! L'eau réagit aux vibrations, elle s'en imprègne, elle mémorise la vibration d'amour ou de haine, de douceur ou de dureté, et la transmet à celui qui la boit. Écoutez de la musique classique, prononcez des mots d'amour et de pardon, et les molécules d'eau s'organiseront pour créer une forme parfaite, symétrique, harmonieuse et pure. Insultez-vous, détestez-vous, et les cristaux d'eau adopteront une forme d'incohérence, asymétrique et laide.

Nous avons assisté à cette expérience filmée : un verre d'eau est posé au sol, au centre d'une famille qui l'entoure. Personne ne se touche ni ne parle. Le Dr Emoto prélève un échantillon de cette eau et l'analyse : les cristaux ne présentent rien de particulier. Quelques minutes plus tard, les membres de la même famille forment un cercle et se touchent les mains, se regardent, se disent des mots d'amour et de pardon. Et les cristaux de cette même eau s'agencent de façon symétrique, transformés par la vibration d'amour qui les a traversés. Voilà le pouvoir des mots et de la pensée sur la matière. Il suffit de nous unir à l'eau pour qu'elle nous offre sa force. Aussi, n'hésitons plus à solliciter ce guérisseur Universel.

Exercice 1

Le bain. 20 minutes.

Remplissez d'eau tiède votre baignoire en diffusant dans votre salle de bains une musique douce, celle d'un compositeur qui vous plaît ou la fréquence Alpha ou Thêta, pour accorder l'eau à cette vibration.

Diffusez de l'encens ou un parfum qui vous plaît.

Déshabillez-vous. Regardez votre visage et votre corps nu dans le miroir.

Prononcez à voix haute :

– « Je m'aime. » ;
– « Je t'aime. » ;
– « Je suis beau/belle. » ;
– « Tu es beau/belle. » ;
– « J'aime chaque cellule de mon corps et je remercie le Ciel pour cette expérience unique dans la matière. » ;
– « Je suis le maître de ma vie, le maître de mon destin. ».

Entrez dans votre bain.

Immergez-vous plusieurs fois. Écoutez la musique.

Sortez de l'eau. Séchez-vous.

Buvez une infusion d'herbes, d'algues, de ginseng, de champignons ou de tout autre ingrédient millénaire qui saura vous ancrer dans la matière et vous transmettre sa puissance.

Exercice 2

Créer de beaux cristaux d'eau.
Cet exercice est celui de l'enfant.
Remplissez une bouteille d'eau. Privilégiez les bouteilles lisses en verre transparent, qui garderont les molécules de l'eau intactes. Un récipient froissé, aux angles vifs ou asymétriques, donnerait des cristaux d'eau froissés, aux angles vifs ou asymétriques, alors que nous voulons la rondeur, la douceur, la symétrie et la pureté.
Regardez l'eau en transparence.
Sur la bouteille, écrivez au feutre indélébile « Je t'aime » – « Merci » – « Bénédictions » – « Équilibre » – ou vos propres mots choisis ; éventuellement, dessinez ou collez la photo d'un beau cristal d'eau. Souvenez-vous que la fréquence des molécules d'eau s'ajuste à celle des mots et des pensées.
Buvez un verre de cette eau autant de fois que vous le voudrez dans la journée.
La répétition des mots renforce la connexion. Peu à peu, devant chaque verre d'eau, votre subconscient répétera tout naturellement ces quatre mots, modifiant

votre métabolisme, vous menant vers la guérison et le changement durable sans aucun effort.

Clé 6 : s'entraîner à la visualisation

La visualisation est un outil essentiel dans le processus d'autoguérison. Les formes imagées que nous créons possèdent leur énergie propre. Projections d'une réalité subjective, elles sont néanmoins dotées d'un pouvoir créateur. En leur donnant naissance, nous leur permettons d'agir en notre nom comme des messagers de lumière. Ces images, aussi précises que celles qui traversent nos rêves éveillés, sont d'autant plus aussi puissantes que nous les projetons sans cesse. Leurs vibrations peuvent détruire ou réparer, et l'on peut les superposer, les multiplier, les amplifier jusqu'à les matérialiser.

Vous trouverez différents exercices de visualisations créatrices en annexe 1.

Clé 7 : accéder à la neutralité

La parole et la pensée seront toujours en deçà de la profondeur de l'expérience.

Les six précédentes clés constituent le chemin initiatique à traverser pour accéder à la neutralité, clé majeure et seule condition d'une guérison possible.

« Être canal » implique de se rendre absolument et totalement disponible : savoir s'oublier soi-même, ne pas chercher à comprendre ou à être intelligent. La réflexion, l'envie de participer ou d'intervenir nous met inconsciemment à l'écoute de la vibration que nous émettons, coupant ainsi toute possibilité de recevoir l'information telle qu'elle est. Ainsi, la volonté d'analyser brouille la qualité de l'information reçue, qui s'en trouve déformée par nos filtres, écorchée par le désir d'une réussite conforme à nos schémas, car le désir de réussite que l'on projette est généralement à l'image du schéma que l'on s'en fait, et donc relativement limité.

Le canal est l'équivalent d'un agent de liaison. À l'écoute de l'autre. À l'écoute de l'Énergie.

L'Énergie Universelle sait bien mieux que nous comment procéder pour rétablir nos dysfonctionnements. Pendant que vous assistez au soin, la seule intention qui doit être la vôtre est celle de **maintenir le lâcher-prise et l'esprit neutre**.

La seconde raison pour laquelle il est essentiel de maintenir un état de neutralité, c'est que la maladie elle-même ainsi que les ondes négatives que nous dégageons par nos peurs et nos systèmes réactifs sont nocives pour nous-même. L'état de neutralité nous protège de la violence des sentiments, des sensations de peine, d'amertume ou de comparaison que l'on pourrait ressentir pendant la méditation.

La présence de la Lumière révèle la quintessence des vies oubliées, ces secrets qui font de chacun d'entre nous un être unique, particulier. La neutralité est un état à atteindre dans le silence du corps et de l'esprit. Dans cet équilibre, l'émotion remontée à la surface de la conscience reste intacte.

Après le soin, le désir de s'exprimer est un désir sain. Les mots ne sont plus là pour masquer, combler, justifier, transformer et tordre la douleur mais pour la libérer. En exprimant un soulagement, la parole devient manifestation de la guérison. La confirmation est atteinte. La confirmation est validée. Alors le traumatisme est libéré, transcendé. Et la guérison pleinement réalisée.

Conclusion

Un monde nouveau

« Si les humains ne reconnaissent pas que leurs destins sont liés par un organisme géant appelé Humanité, s'ils ne réalisent pas cela, alors le destin de la civilisation humaine connaîtra une fin très brusque. On est d'ailleurs confronté à cette fin en ce moment même. Comment peut-on résoudre ce problème ? En nous rassemblant, en formant une communauté mondiale. Et en commençant à réaliser que pour survivre, non seulement nous devons vivre en harmonie avec les autres humains mais aussi avec la Nature. Lorsque l'on sera capable de cela, on deviendra une force puissante sur la planète capable d'initier le prochain niveau d'évolution ; la création d'un super-organisme que l'on appelle l'Humanité. »

Bruce Lipton

Rompre avec d'anciens schémas est l'un des défis que rencontre notre génération. Le Monde change, et la seule condition valable d'un retour en arrière est celle où l'on va chercher les débris de notre passé pour les réunir et les examiner, avec l'objectif d'assainir l'héritage de nos ancêtres et d'atteindre une nouvelle forme d'autonomie et de paix. Revenir sur ce que le Temps a engendré étant impossible, le mieux est de préparer le terrain à des réalisations nouvelles. **L'heure est venue de dépasser nos fonctionnements habituels pour faire preuve de nos multiples talents.**

Nous y puiserons notre force innée et récupérerons notre plein pouvoir. Nous pénétrerons l'intérieur des sentiments et atteindrons la maîtrise de soi. Non pas le contrôle, mais la maîtrise. C'est-à-dire, l'aptitude à reconnaître un plan bien plus grand que celui que l'on connaît et s'y soumettre. C'est en comprenant que d'autres forces existent et qu'elles ne demandent qu'à nous aider, que l'on puise en soi la force de renoncer à vivre certaines émotions destructrices, que l'on parvient à réguler sa posture face aux impulsions primaires, que l'on arrive à ne plus utiliser ses blessures pour justifier de comportements inadéquats.

Quand une idée vient à notre esprit de façon individuelle, souvenons-nous qu'elle est l'un des aspects d'une expérience devant être réalisée à plusieurs. Car, pour réaliser nos rêves, nous devons être à plusieurs. Nous sommes un groupe d'âmes œuvrant pour l'évolution sur Terre et rien ne saurait entraver la volonté des plans cosmiques.

Annexe 1

Exercices de visualisations créatrices

Vous voilà à présent familiarisé avec le 7e sens. Voici quinze méditations pour approfondir votre pratique.

En étant régulier et constant, vous élèverez non seulement votre niveau vibratoire, mais aussi votre niveau de conscience. Vous pourrez bientôt délibérément accompagner l'oxygène dans chaque cellule de votre corps ou diffuser à l'envi des flots de gratitude et de guérison. En y prenant goût, vous deviendrez rapidement inventif, assez pour faire des petits voyages de visualisation intérieure, vérifier l'état de vos poumons, renforcer un intestin fragile, apaiser un foie en colère, et même sortir plus vite de situations gênantes ou blessantes en changeant de perspective ou en coupant les liens mentaux, affectifs ou physiques qui vous emprisonnent.

Je partage volontiers mes techniques et mes exercices, mais ce qui me convient pourrait ne pas vous convenir.

Vous seul savez si vous préférez prendre une douche froide ou boire un verre d'eau chaude au réveil, si vous avez plus d'affinité avec le yoga ou avec le qi gong, avec telle technique de respiration ou une autre. Un rituel ne vaut pas « mieux » qu'un autre. Nous pouvons bien nous inspirer des sublimes schémas et parcours de nos ancêtres et de nos enseignants, mais aucun exemple, aucune théorie ne saurait apporter de réponse Universelle. Il appartiendra donc à chacun de jouer sa propre musique, selon son style et ses talents.

Comprenez que ces exercices sont de puissants révélateurs. Il arrive que nous mettant face à nous-même, ils nous séparent un temps de l'autre. S'examiner minutieusement, sonder son passé, ses désirs, ses blessures et ses qualités est un entraînement périlleux : on risque de se trouver, de se rencontrer, de s'aimer davantage qu'on ne le pensait, de voir l'autre différemment. Certaines unions prennent vie, certaines séparations aussi.

#1 Programmer sa réalité

20 minutes

La technique, régulièrement revisitée, est la même depuis un moment. Il s'agit avant tout de :

1. **Planter le germe, définir son désir :** sur une page blanche, écrire précisément ce que l'on veut obtenir ou voir arriver, jusque dans les détails.
2. **Visualiser :** dessiner, découper des photos et faire un collage, méditer, voir un film évocateur avant de

s'endormir, relire sa liste, visionner des kaléidoscopes, répéter un mantra…

3. **Ressentir :** faire descendre l'énergie dans le chakra du cœur et constater que l'on a déjà obtenu ce que l'on désire. S'en imprégner, penser à s'aimer soi-même puis se relaxer, lâcher prise sur le résultat et laisser venir. Et voilà !

Ça ne marche pas ? Ah oui ! Il manque la quatrième étape !

4. **Éliminer ses croyances bloquantes**, programmer directement dans le subconscient certains sentiments que l'on ne connaît pas : par exemple, vouloir la richesse quand une croyance refoulée nous dit que l'argent est sale, ou dangereux, que les riches sont arrogants, qu'on ne vaut rien, que c'est trop tard, que ça n'arrive qu'aux autres, qu'il faut souffrir pour réussir, que l'Univers (ou Dieu) nous « doit » quelque chose qu'on aurait « mérité », ou demander l'abondance par réactivité, sans aucune intention ni projet (Soit, vous voulez être riche, mais pour quoi faire ?). Quand on est négatif, impatient, que l'on n'a aucune idée de ce qu'est être riche ou que l'on entretient à notre insu un fond de jalousie pour la réussite de l'autre, nos projets ne peuvent qu'échouer car ces croyances, d'autant plus puissantes qu'elles sont inconscientes, sont des freins puissants à toute réalisation.

Ça ne marche toujours pas ?

5. **C'est qu'il faut s'aligner et témoigner du changement.** Passer dans le champ quantique, visualiser les changements s'accomplir en restant neutre et en maintenant l'onde cérébrale Thêta.

Ensuite patience… gardez à l'esprit que l'ensemble de vos pensées, de vos actes et de vos mots sont le soleil et l'eau qui abreuvent le germe que vous avez planté.

#2 Alléger les dossiers

20minutes

Tout ce à quoi nous portons attention devient tangible. Ce que nous négligeons disparaît peu à peu. Trop d'idées en suspens créent la confusion. De même, trop de dossiers en cours, de projets inachevés sont fatigants et sources d'erreurs pour l'esprit. Lorsqu'il est surchargé, l'esprit prend face à la nouveauté des raccourcis pour aller plus vite, ce qui affaiblit la faculté d'apprentissage.

Pour éviter de surcharger votre cerveau, simplifiez les situations et terminez ce que vous avez commencé. Allez au bout de votre façon de penser. Tout doit avoir une fin pour se renouveler.

Installez-vous à votre table, muni d'un cahier et d'un stylo.

Entrez en ondes cérébrales Thêta.

Maintenez votre neutralité et connectez-vous à la Source.

Demandez-lui de vous montrer les dossiers de vos difficultés non encore résolues.

Demandez à les voir empilés par thèmes et accordez pour chaque thème une couleur.

Regardez les piles de dossiers de couleurs devant vous.
– Maladies. Turquoise (ou autre, vous choisissez vos couleurs).
– Membres cassés. Rose.
– Échecs, regrets et rancœurs. Jaune soleil.
– Peurs limitantes. Orange.
– Dépressions, chagrins et peines. Violet.
– Mariages, divorces difficiles. Indigo.
– Contrats de sacrifices. Vert d'eau.

Les « contrats de sacrifices » sont les vœux que l'on fait à soi-même dans la petite enfance, quand on se dit de toute son âme : « Je ne me marierai pas car ainsi je n'abandonnerai pas mes parents. » ; « Pour rester humble, je vivrai pauvre. » ; « Je ne dois pas briller, car cela ferait de l'ombre à mon frère ou ma sœur. » ; « Je tomberai malade… comme ma Mamie ! » ; « Être gros me protégera du regard envieux des autres et je serai toujours aimé. »…

Demandez à l'énergie de mettre un terme aux dossiers obsolètes, d'annuler les contrats qui sont sources de blocages. Inutile d'entrer dans les détails pour le moment. Contentez-vous de passer votre commande à l'Énergie et de regarder le tri coloré se faire devant vous.

Une fois la pile de dossiers significativement diminuée, demandez à voir l'ordre du jour.

Quelle est votre priorité ? Demandez des conseils. Regardez la couleur du dossier.

Lâchez prise ! Montez votre vibration et respirez calmement.

Écrivez sur votre cahier les conseils reçus.

Revenez à l'instant présent.

Il est bon d'effectuer cette méditation par petites sessions régulières. Une fois par mois est amplement suffisant, jusqu'à ce que vous vous sentiez tout à fait à l'aise et l'esprit clair pour commencer de nouvelles entreprises ou terminer d'anciens projets.

#3 Évacuer le stress

3 minutes

Asseyez-vous confortablement sur une chaise ou en tailleur sur un tapis.

Expirez lentement, jusqu'à faire sortir un maximum d'air de vos poumons.

Prenez une inspiration souple et profonde, remplie d'une énergie douce et claire.

Poursuivez votre respiration et, pendant l'expiration, massez votre plexus solaire de façon circulaire et légère, allant dans le sens des aiguilles d'une montre. Élargissez le geste.

Changez de direction. Chassez le stress par gestes vifs et plus souples allant du plexus jusqu'en bas de vos côtes.

Si vous expérimentez un échec ou que vous êtes émotionnellement blessé, concentrez-vous sur votre plexus solaire, inspirez profondément puis, à l'expiration, visualisez une colonne d'énergie bleue dans votre corps, elle monte du chakra du cœur jusqu'au chakra de la gorge. Poursuivez la visualisation en la regardant s'élever jusqu'au sommet de votre tête. Laissez le flux de lumière sortir par le chakra couronne.

#4 Libérer une émotion

5 à 15 minutes

Installez-vous dans une pièce feutrée. Faites brûler un bâton de sauge ou d'encens.

Écoutez un son en fréquence 417 hertz, qui est la fréquence de la guérison. (*Self Confidence 417 Hz – Reiki Healing Zone*).

Si vous avez le « cœur serré » tapez du bout des doigts sur le thymus – situé sur la partie supérieure du thorax entre les poumons – de façon régulière et affirmée pendant quelques minutes, en gardant une respiration souple.

Élargissez le tapotement sur les parties de votre corps qui vous semblent engourdies : autour des yeux, sur les tempes, les oreilles, la nuque, les cuisses… Ne touchez pas à votre ventre. Éventuellement, tapez des pieds sur le sol pour faire remonter l'énergie, faites quelques sauts, tapez dans vos mains.

Étirez-vous en douceur. Contorsionnez-vous, suivez l'impulsion de votre corps, quitte à faire des courbes bizarres. À la fin de chaque mouvement, laissez vos émotions se libérer, flotter autour de vous. Identifiez vos peurs, avant de les laisser se transformer en lumière.

Cela fait, ouvrez grand la fenêtre et respirez un bol d'air frais. Regardez le ciel.

Ressentez l'energie et visualisez-vous danser dans l'espace. Vos mouvements sont amples, ronds et gracieux. Revenez sur terre au moment présent.

Et surtout, ne permettez à personne de critiquer ou de mépriser votre sensibilité émotionnelle.

#5 Transmutation d'énergie positive *10 minutes*

Asseyez-vous sur votre chaise. Le dos droit, les pieds au sol, les bras de chaque côté du corps.

Les yeux ouverts, prenez une respiration lente, en imaginant à l'inspiration un flot doux et chaleureux de gratitude et de joie pénétrer vos poumons et chaque cellule de votre corps.

À l'expiration, les toxines et autres énergies toxiques que vous auriez par inadvertance créées ou attirées lâchent prise et se transforment en lumière. Poursuivez cette respiration jusqu'à ce que l'expiration soit aussi pure que l'inspiration.

Continuez votre respiration et chargez votre corps éthérique de lumière et de bénédictions.

Après avoir chargé votre corps subtil d'amour, de gratitude et de joie, vous pouvez diffuser cette énergie lumineuse vers l'ensemble de votre corps ou choisir un organe précis.

À présent, prenez conscience de la réalité « matérielle » de votre corps éthérique. Sentez-le. Localisez-le (il est à deux millimètres de votre corps physique et s'étend jusqu'à 10 cm).

C'est maintenant qu'un échange se crée : chaque cellule de votre corps physique s'imprègne des énergies subtiles de gratitude et de joie émanant de votre corps éthérique. Assistez à l'échange. Visualisez-le. Prenez le temps de ressentir l'échange d'énergie.

Restez dans cet état de haute réceptivité transformatrice.

Commencez par des exercices brefs de cinq à sept minutes.

N'hésitez pas à vous y installer régulièrement, à ressentir l'énergie en vous. Revivifié par la gratitude et la reconnaissance, le champ magnétique de votre conscience s'amplifie.

Cette énergie est l'énergie de guérison. Libre à vous de la faire circuler à l'intérieur de votre corps physique et dans toutes vos cellules, quand vous le désirez, les yeux ouverts ou fermés. Bientôt, vous pourrez envoyer cette énergie de guérison à votre entourage par votre simple volonté…

#6 Délier un nœud d'angoisse

10 minutes

Fermez les yeux. Expirez. Inspirez.

Concentrez-vous et doucement, délicatement, localisez physiquement l'angoisse dans votre corps. Imaginez-la sous la forme d'un nœud. Examinez ce nœud sous toutes ses formes et coutures. Est-il serré ou lâche ? Et sa couleur ? rose ? vert ? blanc ? gris ? Est-il fin, épais, doux, rugueux ? Est-il placé au niveau du plexus solaire ? de l'estomac ? de la gorge ? du cœur ? du dos ? Est-il dans vos pieds ?

Respirez. Visualisez-le se dénouer de lui-même et s'il est trop serré, vieux ou poussiéreux coupez-le d'un geste vif, par la visualisation.

Demandez ensuite à vos guides de procéder à la guérison et assistez à la cicatrisation.

Vos nœuds, vos angoisses ou vos peurs représentent votre construction mentale du moment et font partie d'un passé révolu. Respirez.

Votre angoisse dénouée, identifiez votre problème, remontez à son origine. De quoi s'agit-il ? Quand est-ce que tout cela a commencé ? Qui est impliqué dans cette situation ?

Visualisez chacune des personnes concernées.

À présent, imaginez deux sphères dans votre tête.

Dans la sphère de droite, placez le côté émotionnel de la situation : rancœur, sentiment de rejet, trahison, jalousie, déception, ou désir, amour…

Respirez, puis projetez un faisceau de lumière bleue jusqu'à ce qu'il devienne blanc pur et regardez s'effacer un à un vos troubles et vos incertitudes.

Dans la sphère de gauche, placez le côté rationnel de la situation : quels sont les bénéfices de cette situation, en quoi est-elle gênante, source d'involution, limitante, ou source d'évolution et de réconciliation ?

Respirez, puis imaginez la meilleure issue pour vous et pour les autres, avec respect et tolérance. Faites le choix de votre futur en toute conscience et connaissance de cause, en restant du côté de la lumière et de la bienveillance.

Souvenez-vous que vos intentions deviendront réalité et que vos actes vous seront retournés, un jour, ou l'autre.

Enfin, projetez votre conscience vers l'espace blanc pur et libre, et demandez à l'énergie d'ouvrir pour vous la voie au succès.

#7 Révéler sa beauté

5 minutes

Fermez les yeux. Expirez, inspirez doucement et profondément.

Imaginez un grand miroir devant vous.

Regardez-vous. Avancez, jusqu'à voir chaque détail de votre visage et ses expressions.

L'anxiété et la frustration créent des microrictus autour de la bouche et du nez. Effacez-les d'un coup de pinceau virtuel.

La peur fige le regard. L'excès d'inquiétude et l'amertume figent le front et la bouche. D'un coup de pinceau, à l'image d'un peintre, lissez chacun de vos traits dans le miroir, apaisez votre regard, détendez vos mâchoires. Gardez la main légère et le geste subtil. Peignez l'image qui est devant vous et donnez-lui la beauté que vous aimeriez voir, et puisqu'elle est votre reflet, adoptez la forme que vous vous donnez.

Poursuivez l'exercice encore quelques minutes, donnez-vous l'apparence la plus détendue, la plus agréable et belle à vos yeux.

Respirez.

#8 Atteindre le vide

3 minutes

Fermez les yeux. Expirez, inspirez. Par l'imagination, placez votre conscience derrière vos yeux. À l'instar d'un projectionniste, regardez les mots et les images qui vous habitent s'afficher sur un grand écran. Effacez-les d'un mouvement doux. Faites place nette.

À présent, créez un nouvel alphabet, un nouveau lexique. Ajustez vos perceptions puis fusionnez avec chaque lettre, devenez la couleur, la forme de la lettre.

Enfin, créez des mots, attribuez à chacun une couleur, formez puis projetez sur l'écran de nouvelles phrases colorées.

Effacez le tout d'un mouvement doux, puis recommencez à former des mots, des phrases colorées.

Portez attention aux couleurs qui vous habitent. Les mots, les phrases deviennent des taches de couleurs qui s'effacent délicatement, laissant apparaître un espace libre et blanc. C'est l'espace de pure potentialité.

Ouvrez les yeux.

Revenez à la réalité physique.

#9 Voyager dans le temps

15 à 30 minutes

Prenez une inspiration lente et fermez les yeux.

Imaginez un calendrier s'écoulant à rebours. 2023… 2022… 2018… 2011… 2000… 1995… 1979… 1910… 1870… etc. Stoppez au hasard et regardez la date.

À quel jour s'est-elle arrêtée ? Regardez la scène qui se déroule sous vos yeux sans intervenir ni tenter de l'analyser. Soyez simplement spectateur.

Maintenant, permettez au décor d'occuper l'espace dans votre tête, de s'étendre vers votre cou, de s'amplifier dans vos épaules, vos bras, d'occuper votre corps tout entier jusqu'aux mains et aux pieds, puis entrez dans le film.

Vous êtes acteur du film à présent. Comment vous sentez-vous ? Comment êtes-vous vêtu ? Quels parfums, quels bruits, quelles sensations vous entourent ? Êtes-vous assis, debout, couché ? Êtes-vous seul, accompagné ? Quels sont vos désirs ? Quelles sont vos émotions ?

Selon votre personnalité, laissez la magie du souvenir agir, ou notez les détails de ces mémoires d'un autre plan, d'un autre temps.

#10 Voyager dans son corps

15 minutes

C'est un voyage intime et privé que vous allez expérimenter.

Confortablement installé sur une chaise ou sur un tapis, le dos droit, les yeux fermés, les membres détendus, expirez, inspirez, entrez en ondes cérébrales Thêta, puis imaginez une boule de lumière entrer dans votre corps depuis le haut de votre tête.

Une partie de votre conscience est dans cette boule de lumière. Poussez l'interrupteur… et regardez s'éclairer votre corps intérieur.

Promenez-vous à l'intérieur de votre corps par la visualisation, jusqu'à ce que l'un de vos organes, muscle ou tendon, veine ou artère attire votre attention. Cet endroit sera rouge, lumineux, épais ou terne, translucide ou mat. À moins qu'il ne vous appelle par votre prénom pour se faire voir, tout simplement. Restez détendu, à l'écoute de votre corps.

Donnez-lui l'attention qu'il mérite. Concentrez-vous sur cette zone, cet organe, ce muscle… et faites en sorte qu'il n'existe que lui, ce qui l'entoure devenant flou, secondaire.

Restez concentré et regardez-le patiemment, avec amour et de tous les côtés, jusqu'à ce qu'il devienne complètement net.

Nettoyez-le. Si vous êtes très créatif, entamez une discussion, demandez-lui s'il va bien, Quels sont ses besoins ? hydratation ? sel ? pardon ? amour ? attention ? vitamines ? Écoutez, puis baignez-le d'un pansement de lumière colorée.

Pour apaiser un état inflammatoire, dont la teinte est rouge sombre, vif ou lumineux, la couleur bénéfique à appliquer est le bleu. Souvenez-vous, les couleurs sont une vibration, choisissez son intensité. Bleu encre ou bleu ciel pâle, piochez dans la tonalité qui vous inspire. Et si vous ne savez pas, demandez à votre organe ce qui lui convient le mieux. Il saura vous répondre par une image, un son, un sentiment. Si vous ne percevez pas de réponse, demandez à l'Énergie Universelle de vous montrer. Restez concentré en ondes cérébrales Thêta.

Lorsque l'organe manque d'énergie et qu'il est fatigué, qu'il se présente mat, terne, transparent ou grisé, la couleur appropriée est le rose.

La guérison par la visualisation des couleurs a fait ses preuves, interrogez-vous pour connaître la tonalité adaptée à votre besoin. Pour cela fermez les yeux, respirez et regardez la couleur apparaître.

Les teintes vives dynamisent. Les teintes pastel apaisent.

Les teintes chaudes, le rose, le rouge, l'orange et le jaune dynamisent.

Les teintes froides, le vert, le bleu et le violet apaisent.

L'or, l'argent, le parme et le blanc cicatrisent.

Entraînez-vous à visualiser, détendez-vous, laissez parler votre imagination, elle est votre meilleure conseillère.

#11 Soin du cœur

5 minutes

Fermez les yeux, expirez, inspirez.

Visualisez votre cœur comme une belle éponge de mer, ronde et dodue. Est-elle gorgée d'eau pure ? Est-elle voluptueuse ou déshydratée ? Austère ou délicieuse ? Teintée d'un vert d'eau clair et lumineux ? Ou grise et noire ? Est-elle neuve et en bonne santé ? Ou vieille et rabougrie ? Demandez-lui ce qu'elle ressent. Nettoyez-la, rincez-la à l'eau tiède, câlinez-la, et sans demander d'explication, retirez les éclats de verre ou de métal que vous pourriez percevoir en elle et qui pourraient lui faire mal ou la gêner.

Nous avons tous peur d'aimer et d'être vulnérables. Entourez votre cœur-éponge d'une lumière bleu doré, apaisante et cicatrisante. Enfin, voyez en son centre s'épanouir un bouton de rose verte. C'est l'amour Universel qui est en vous. Laissez-le se déployer. Regardez ses pétales s'ouvrir un à un et diffuser un halo doré.

Souvenez-vous, c'est depuis le cerveau du cœur que l'on active son 7e sens…

Pour la guérison du cœur. Confronté à la peur ou au manque affectif, si votre cœur est tendu, noué, perturbé, blessé, commencez à créer. Faites travailler votre imagination. Vous pourriez par exemple prendre une feuille blanche et un seul feutre ; bleu, jaune, rose, de la couleur qui vous plaît, et colorer la feuille jusqu'à ce qu'il ne reste plus un millimètre de blanc. Concentrez-vous sur la couleur, regardez-la prendre sa place, fusionnez avec elle, devenez la couleur, parlez-lui, offrez-lui vos tristesses et vos peurs, elle saura les transformer en Lumière et beauté.

Vous pouvez aussi choisir une fleur, la regarder longtemps, distinguer chaque détail, chaque nervure, chaque pétale ou tonalité de couleur. Cette fleur est-elle heureuse ? Est-elle vivante ou triste ? Parlez avec elle, remplissez-vous d'elle, devenez la fleur, la flamme, le nuage, la sculpture ou le paysage.

Dans la contemplation comme dans la création, il n'y a pas d'opposition : ne redoutant ni refus ni acceptation, l'âme s'accorde à chaque mouvement, chaque émotion à mesure qu'elle se produit, sans la ternir ni l'enfermer. Vous passerez ainsi des larmes au calme, de la peine à l'équilibre, de l'inquiétude au rire.

#12 S'oxygéner

2 minutes

Fermez les yeux. Expirez, inspirez.

Imaginez-vous être une montagne. Majestueuse, millénaire, fièrement dressée vers le ciel. Superbe. Sur votre roche solide poussent des rameaux d'olivier, des herbes fraîches, quelques coccinelles se promènent, les rayons du soleil vous couvrent d'un halo de lumière bleutée.

Rameaux d'oliviers, herbes fraîches, coccinelles, rayons de soleil et même roche millénaire et lumière bleutée sont vos invités. Comment procéderez-vous pour apporter l'oxygène à ces convives de premier choix, sachant qu'ils ont chacun des besoins différents ?

Inspirez profondément. À l'expiration, votre souffle s'immisce délicatement dans le corps de vos invités, regardez chaque veine, chaque brindille, chaque cellule… transmettez-leur la quintessence de votre souffle : une énergie ténue pour la coccinelle, plus appuyée pour le rameau d'olivier, épaisse et fraîche pour la roche millénaire… Regardez-les respirer. Vivre. Vibrer. Restez à l'écoute de leur écho, écoutez leur message.

Procédez de la même façon pour votre corps. Par la respiration, gorgez chaque organe, entrailles, veine et cellule d'air souple et lumineux. Regardez vos cellules se réjouir, danser et s'oxygéner.

Vous êtes ancré dans le moment présent, ce moment de grâce authentique qui ressemble à la vie, c'est le réel, c'est la vie.

#13 Apaiser le mental

2 minutes

Asseyez-vous sur votre chaise les deux pieds posés sur le sol, bras et jambes décroisés. Fermez les yeux. Expirez vivement. Ouvrez grand votre bouche comme celle d'un lion. Relâchez les tensions de la mâchoire, du cou, des oreilles, des épaules et du buste. Inspirez dans votre ventre. Gonflez-le. Videz-le, recommencez trois fois l'expiration/inspiration.

Massez votre cerveau mentalement, délicatement, grâce à la visualisation.

Inventez un mantra ou choisissez-en un célèbre. « Ribono Shel Olam », « I Am Enough », « Nam Myoho Renge Kyo », « Je suis enfant de la Terre », etc.

Laissez les mots mais surtout les sons du mantra prendre place dans votre corps, votre tête, votre conscience. Admirez les images qui viennent à votre esprit, sans vous en préoccuper outre mesure : elles sont un décor, une expression de votre vitalité, mais en aucun cas prophétiques.

Concentrez-vous sur le mantra. Récitez-le à voix haute, à voix basse, en silence, de façon rapide ou lente, à votre guise.

La méditation terminée, faites le vide dans votre tête, effacez les images, les mots, oubliez tout puis prenez une longue inspiration et revenez au moment présent.

#14 L'ancrage

3 minutes

L'idée est d'apprendre à vous ancrer, tout d'abord en prenant votre temps, puis de plus en plus naturellement.

Par le processus de visualisation, imaginez votre énergie descendre de vos pieds jusqu'au cœur de la Terre. De quelques centimètres à plusieurs kilomètres, à travers un filet de lumière blanche ou d'épaisses racines rouges, bleues, vertes ou brunes, toute forme d'imaginaire est possible et bienvenue.

Restez serein et présent, afin de vous adapter à la fertilité de la Terre dans un mouvement d'amour et d'appréciation.

Quand vous êtes prêt, regardez l'Énergie-force remonter depuis le centre de la Terre jusqu'à la plante de vos pieds. Laissez-la s'élever dans votre corps et équilibrer un à un vos chakras. Rouge-noir… orangé… jaune… rose-vert… bleu… violet… argent… et sortir par votre chakra coronal.

Vous êtes un être de Lumière, vous vous tenez droit et fier entre la Terre et l'Univers.

Bientôt, votre maîtrise se reflètera dans votre apparence.

La posture de l'arbre permet de vérifier en quelques minutes que l'on est bien ancré et centré : tenez-vous debout le dos droit et joignez vos mains au-dessus de votre tête en levant les bras. Posez la plante de votre pied droit le plus haut possible sur votre cuisse gauche. Passez à l'autre jambe quand vous le sentez. Respirez. Si vous basculez, retravaillez votre ancrage.

#15 Bouclier de lumière

3 minutes, plusieurs fois par jour

Exercice de guérison inspiré des Hathors. Canalisés par le biologiste Tom Kenyon, les Hathors sont les Maîtres de l'amour et du son. Pour eux, le 8e chakra, qu'ils appellent le « BA », est situé au-dessus de notre tête là où nos doigts se touchent quand nous levons les bras. Le BA est un portail spirituel, un aspect de notre être en dehors de l'espace-temps que nous expérimentons. Source de capacités et de vision, ce point est l'une des nombreuses portes de notre multidimensionnalité. Les Hathors nous enseignent que les mondes physiques et spirituels ne connaissent pas la séparation.

Expirez. Concentrez-vous sur votre cœur physique tout en diffusant des sentiments de gratitude et de reconnaissance. Imaginez-vous dans une bulle et ressentez le flux d'énergie subtile. Il démarre de votre cœur et remplit l'intérieur de votre aura dont le diamètre est celui de vos bras tendus.

Les bras tendus au-dessus de votre tête, visualisez votre colonne centrale s'étendre de votre chakra couronne jusque dans le sol. Au-dessus de votre tête se tient votre guide de lumière. Il fait descendre en vous l'Énergie qui guérit sous forme d'onde blanche, tandis que du centre de la Terre s'élève l'énergie de la matière. Le tout se rejoint au centre de votre cœur et se transforme en lumière d'or.

Expirez, inspirez et ressentez le souffle remplir chacune de vos cellules et remplir la bulle autour de vous. Continuez à expirer et à inspirer profondément et calmement. Vous créez en ce moment même un bouclier de Lumière.

Rappelez à votre souvenir un grand moment de joie et poursuivez votre respiration tout en ressentant la joie et la gratitude pour cette vie présente. Visualisez votre bouclier protecteur, consolidez-le, habillez-le. Vérifiez qu'il n'a ni failles ni trous. Il est votre socle, votre armure, votre grâce, votre habit de lumière. Tout en maintenant la conscience de la présence de votre guide au-dessus de votre tête, laissez l'Énergie traverser le centre de votre corps et pénétrer au plus profond de la Terre.

Restez centré, et faites lentement tourner votre bulle-bouclier dans le sens des aiguilles d'une montre autour de vous-même.

Si vous souhaitez approfondir cette méditation, l'étape suivante sera d'écouter la *Méditation sonore de l'Aethos*. Vous la trouverez sur le site www.tomkenyon.com.

La *Méditation sonore de l'Aethos* ramène à notre conscience les croyances bloquantes qui ne nous sont plus bénéfiques. Alors que les formes-pensées remontent pendant la méditation, à nous de choisir si l'on souhaite poursuivre dans cette croyance ou non. Si c'est non, nous l'éliminerons comme un vieux jouet inutile. Mais si nous voulons la maintenir, libre à nous de la garder. Le point final du nettoyage des croyances et des formes-pensées limitantes est la réalisation que nous sommes l'union de la matière et de la lumière. Par notre nature même, nous sommes le pont entre les Mondes et avons accès aux trésors de tous les royaumes.

« Le voyage d'un initié, qui n'est rien de moins que son cheminement sur la voie de la conscience élevée, consiste tout simplement à passer au travers le chas d'une aiguille ou de l'œil de la tempête. Utilisons donc ici, par métaphore, des ouragans et des cyclones, car ceux-ci ne vont cesser d'augmenter en nombre et en intensité. Si vous êtes sur le pourtour d'un ouragan, vous êtes exposés au pouvoir destructeur du vent et de l'eau, mais si vous êtes dans l'œil de la tempête, paradoxalement, le calme règne dans cet espace. Vous pouvez voir à l'horizon lointain le pourtour de la tempête, mais au centre, tout est tranquille et calme. C'est ce point au centre de la tempête, cet œil, que nous vous suggérons de trouver en vous[1]. »

---

1. Tom Kenyon, *Les Hathors : trousse d'informations, de transformations et de sons*, Ariane, 2012.

Annexe 2

Conseils des anges à l'attention des thérapeutes débutants

Lors d'une première séance chacun veut briller…

Restez humble. Comprenez que vous êtes le canal, vous ne maîtrisez pas le nettoyage et la réparation, vous assistez au nettoyage et à la réparation, ce qui est différent.

Allez-y doucement, prudemment, quitte à réserver plusieurs séances pour soigner un même traumatisme.

Laissez le temps de la récupération. Respectez le rythme de votre client. Il aura parfois besoin de parler et de comprendre la nature de ses maux, à d'autres moments, il cherchera le silence. C'est à vous de le ressentir.

Projetez des images positives, travaillez avec des pansements d'amour. Si vous avez un problème personnel le mieux est d'annuler votre rendez-vous.

Appelez vos guides, posez des questions, souvenez-vous que vous n'avez aucune idée des réponses. Elles sont différentes pour chacun d'entre vous, et si vous croyez avoir déjà vu cette problématique, ce n'est jamais vraiment la même. Chaque personne est unique. Chaque vie est unique. Chaque séance est unique.

Souvenez-vous que la protection mise en place est vitale. On parle d'instinct de survie. Il s'agit d'être attentif au blocage, de le respecter puis de le libérer en douceur avec le client, avec son accord, son rythme, son libre arbitre et toute sa conscience.

En voulant « rééquilibrer » trop rapidement, vous risquez de fragiliser la personne. Si vous allez trop vite, vous risquez de déplacer le blocage, qui ira se recréer ailleurs dans son corps.

Après un soin, avant de vous séparer de votre client, vérifiez que son aura est protégée.

Laissez vos guides vous enseigner.

Table des exercices

FSC
www.fsc.org
MIXTE
Papier | Pour une gestion forestière responsable
FSC® C022829

Dépôt légal : octobre 2022
Imprimé en France par Laballery - N° 209409

Cet ouvrage est imprimé sur du papier munken cream 80 g.